Dorothee von Meding · Hans Sarkowicz

Philipp von Boeselager
Der letzte Zeuge des 20. Juli 1944

ZS DEBATTEN
Das Sachbuch im Zabert Sandmann Verlag.
Eine Kooperation der ZS Verlag Zabert Sandmann GmbH
und der Elisabeth Sandmann Verlag GmbH.
www.zsdebatten.com

Umschlaggestaltung: Georg Feigl
Innenlayout: Werner Kopp, Thomas Übelacker
Umschlagfoto, Vordergrund: picture-alliance/dpa
Herstellung: Karin Mayer, Peter Karg-Cordes
Lithografie: Christine Rühmer
Druck und Bindung: Mohn media Mohndruck GmbH, Gütersloh

2. Auflage 2008
ISBN: 978-3-89883-201-4

DOROTHEE VON MEDING · HANS SARKOWICZ

Philipp von Boeselager
Der letzte Zeuge
des 20. Juli 1944

Mit einer Einführung von Romedio Galeazzo
Reichsgraf von Thun-Hohenstein

ZABERT
SANDMANN

Inhalt

Eine Einführung

Die Heeresgruppe Mitte als Zentrum des militärischen Widerstands gegen Hitler

Fällt heute das Wort »Widerstand«, so können meist nur wenige Menschen etwas damit anfangen. Fallen jedoch Namen, so mag sich hier und da eine verschwommene Kenntnis von etwas einstellen, das weit zurückliegt und irgendwie mit dem Namen Stauffenberg[1] in Verbindung gebracht wird. War das nicht dieser Offizier, der versucht hat, Hitler mit einer Bombe zu töten? Hitler töten, das hört sich positiv an. Nur, was kann man noch damit verbinden, was sollte damals geschehen, wenn das Attentat gelungen wäre? Ende der Diktatur? Ende des Krieges? Ende des Mordens? Sicher, all das wäre vermutlich eingetreten, doch wer hätte dann Deutschland regiert, und vor allem wie? Die Antworten auf diese Fragen sind nicht eindeutig. Die Geschichte des Widerstands hat vieles herausgearbeitet, was zu einem Bild vor dem teilnahmsvollen Betrachter erwächst, einem Bild, welches sicher nicht dem entspricht, das die heutige parlamentarische Demokratie zeigt. Aber doch ein Bild, in dem das Recht, die Majestät des Rechts Vorrang beanspruchte, am Ende Vorrang vor allem anderen. Und so wird das von der Geschichte gemalte Bild klarer, denn Recht ist die Grundlage für die Freiheit. Ohne Rechtssicherheit herrscht Willkür, wie in den zwölf unsäglichen Jahren von 1933 bis 1945.

Heute scheint all das wirklich unendlich weit zurückzuliegen und abgetan zu sein. Immerhin wurde in einem Teil Deutschlands nach

1945 erneut eine Diktatur errichtet. Zwar geschah dies mit kräftiger Nachhilfe durch die Sowjets, aber gestützt auf ideologisch bestimmte Helfer und zahlreiche Opportunisten. Im Westen wurde Ähnliches durch die drei Besatzungsmächte verhindert. Weniger als die Hälfte aller Deutschen sieht heute noch in der Freiheit und im Rechtsstaat erstrebenswerte Ziele, in den neuen Bundesländern sind es weit weniger. Deshalb bleibt das Ziel des militärischen Widerstands von großer Aktualität, denn am Ende ging es nur noch um die Wiederherstellung des Rechts.

Die Vita von Philipp Freiherr von Boeselager ist eindrucksvoll, und seine Beteiligung an Konspiration, Staatsstreichplänen und Attentatsversuchen auf Hitler mag als zwangsläufig erscheinen. Deutete nicht etwa alles in diese Richtung? Ein adliger Offizier, Kavallerist zumal wie auch Graf Stauffenberg, Angehöriger einer sozialen Gruppe, deren Anteil am 20. Juli 1944 überproportional war. Zugleich gehörte er einer Waffengattung an, deren elitäres Selbstverständnis und deren Ehrenkodex mit der vulgären Praxis nationalsozialistischer Machtausübung fast zwangsläufig aneinandergeraten musste – alles Voraussetzungen, die den Weg in den Widerstand scheinbar bedingten. Doch was sagt schon die Zugehörigkeit zum »Adel«, den es ohnehin in dieser verallgemeinerten Form nicht gab und nicht gibt und keineswegs die Verkörperung des 20. Juli darstellte, über die Bereitschaft zum Widerstand aus? Eher wenig, und so war auch innerhalb des Netzwerks »Adelsfamilie« eine wie auch immer geartete Widerständigkeit mitnichten vorauszusetzen.

Ebenso wenig war die Zugehörigkeit zu einer bestimmten Waffengattung ein Indiz für Kritik am Regime oder bestimmte Formen der Resistenz. Allerdings schuf Adel – und hier vor allem die adelige Familie – ebenso wie manche Regimenter soziale Räume, in denen relativ frei geredet werden konnte. Die Gefahr einer Denunziation blieb gering. Auch wenn man sich dabei zumindest verbal bereits in den Bereich des Hochverrats begab, so blieben auch bei diametral entgegengesetzten Positionen – insbesondere über die Person des »Führers« – derartige Meinungsäußerungen innerhalb der adligen Familien und ähnlich bei vielen Regimentern in der Regel folgenlos. Der Grund dafür dürfte in der von dem Historiker Stephan Malinowski festgestellten, weit verbreiteten »Restdistanz«[2] vieler Adliger zum Nationalsozialismus und dessen gefühlter Vulgarität gelegen haben. Diese begünstigte immerhin Konspiration und Widerstand. Weil außerdem der Anteil des Adels gerade in den Kavallerieregimentern relativ hoch war, bewegte man sich dort nicht selten in einer familienähnlichen Gruppe. So kann man die »Netzwerke« adelige Familie und Regiment immerhin als Faktoren bezeichnen, die oppositionelles Denken erleichterten. Zum Handeln bedurfte es aber weitaus massiverer Anstöße.

Der junge Offiziersanwärter Philipp von Boeselager begann seine Soldatenlaufbahn beim Paderborner Kavallerieregiment Nr. 15. Auf Anraten seines Großvaters hatte er die erwogene Diplomatenlaufbahn verworfen, denn dort müsse man lügen. Im Jahr 1940, in Frankreich, hinderte er mit gezogener Pistole einen Oberst, der sich offenbar unbedingt das »Ritterkreuz verdienen wollte«, das Feuer auf eine französische Einheit zu eröffnen. Mit dieser Einheit hatte Boeselager Waffenruhe und Räumung der vor ihm liegenden Ortschaft vereinbart. Widerstand ist das noch nicht, aber doch ein gehöriges Maß an Nonkonformismus, das ihn handeln lässt – auch wenn es möglicherweise schwerwiegende Konsequenzen nach sich ziehen könnte.

Mit dem Angriff gegen die Sowjetunion am 22. Juni 1941 kam es dann zu jener Entgrenzung des Krieges, die alle Bereiche einschloss und ein geradezu unerhörtes Maß an Brutalisierung mit sich brachte. Die Lösung aller bis dahin doch noch teilweise vorhandenen Beschränkungen kriegsrechtlicher und soldatischer Art fiel nun, musste nach Hitlers Willen fallen, für den der Sowjetsoldat kein Kamerad mehr sein konnte. Mit diesem Abschütteln letzter Fesseln von Recht und Moral und der Unterordnung unter Hitlers verbrecherische Befehle opferte der damalige Oberbefehlshaber des Heeres, Generalfeldmarschall Walther von Brauchitsch, die Ehre der deutschen Armee. Das notierte der nach dem 20. Juli 1944 hingerichtete Ulrich von Hassell.[3] Diese Unterordnung musste geradezu niederschmetternd auf jene Offiziere wirken, in denen das Empfinden für Recht und Moral noch nicht verkümmert oder verwässert war. Die Haltung Brauchitschs setzte sich jedoch fort, indem die Heersgruppen- und Armeebefehlshaber ihre schrittweise Entmachtung auch in ihrer ureigensten Domäne hinnahmen, der Operationsführung.[4] Man sah das in der Spitzengeneralität durchaus, ballte vielleicht die Faust in der Tasche, protestierte zum Teil, doch dabei blieb es dann.

Es war eine Grundhaltung, die sich auch im Lauf des Krieges nicht ändern sollte. Wollte man hier gegensteuern oder gar der Herrschaft Hitlers und dem Nationalsozialismus ein Ende bereiten, so war unabdingbare Voraussetzung die Bereitschaft von Teilen der Wehrmacht zu einem Staatsstreich. In diesem Fall konnte die von bestimmten, ausgewählten Offizieren ausgehen. Einzig sie vermochten dem Regime wirklich gefährlich werden, nur sie verfügten über die entsprechenden Machtmittel, die einem Staatsstreich Aussicht auf Erfolg gaben.

Die Überlegungen und Pläne für einen Staatsstreich gehen bis in das Jahr 1938 zurück. Ausgangspunkt waren Hitlers Kriegsabsichten gegen die Tschechoslowakei, die in den Augen des damaligen Generalstabschefs, General Ludwig Beck[5], das Eingreifen Englands und Frankreichs nach sich ziehen musste, an dessen Ende nur die deutsche Niederlage stehen konnte. Das in der Forschung »Septemberverschwörung«[6] genannte Vorhaben wurde maßgeblich von Oberstleutnant Hans Oster[7] betrieben. Oster gehörte zur militärischen Abwehr unter Admiral Wilhelm Canaris[8] und war mit dem Kommandierenden General des Wehrkreises III, General Erwin von Witzleben[9], befreundet. Gestützt auf die Einheiten der 23. Infanteriedivision sollte nach den Staatsstreichplänen Berlin abgeriegelt und Hitler durch einen Stoßtrupp unter Führung des Abwehrhauptmanns Friedrich-Wilhelm Heinz[10] in der Reichskanzlei festgenommen und nach einer Absprache zwischen Heinz und Oster erschossen werden. Der klarsichtige Oster sah schon damals in einem lebenden Hitler ein unkalkulierbares Risiko, und die Ereignisse des 20. Juli 1944 sollten ihm Recht geben.

Beck, der in Erkenntnis der für ihn unhaltbaren Situation zurücktrat, weil die Spitzengeneralität des Heeres seinen Argumenten und Vorschlägen nicht folgte, sollte bald zum anerkannten Oberhaupt des militärischen Widerstands werden, dessen Basis in den Jahren nach 1938 sich allmählich verbreiterte. Doch die Staatsstreichpläne von 1938 scheiterten an der Schwäche Brauchitschs[11], der sich bereits von Hitler hatte korrumpieren lassen, an der Unentschlossenheit von Becks Nachfolger General Franz Halder[12], und vor allem am Münchener Abkommen. Dieses ließ Hitler scheinbar triumphieren, obgleich er sich um seinen Krieg betrogen sah.

Während die Verschwörer nun in Berlin insbesondere durch General Friedrich Olbricht[13], dem Stellvertretenden Befehlshaber des Ersatzheeres und Chef des Allgemeinen Heeresamts, eine grundlegende Verstärkung erfuhren – dem Ersatzheer unterstanden alle Heeresverbände in der Heimat –, hatte sich in der Heeresgruppe Mitte an der Ostfront unter dem 1. Generalstabsoffizier (Ia) der Heeresgruppe, Oberst Henning von Tresckow[14], eine Gruppe von widerstandsbereiten Offizieren gebildet.

Dieser hatte es vor allem durch eine gezielte Personalpolitik verstanden, einen zwar überschaubaren, aber dafür umso entschlosseneren Kreis von Offizieren im Stab der Heeresgruppe zu versammeln. Deren Oberbefehlshaber war zunächst Generalfeldmarschall Fedor von Bock[15], der während der Winterkrise vor Moskau im Dezember 1941 von Generalfeldmarschall Günther von Kluge[16] abgelöst wurde. Weiterhin zählte zu dieser Gruppe um Tresckow Oberst im Generalstab (i.G.) Georg Schulze-Büttger [17], der Ia/Op(eration) der Heeresgruppe Mitte vom Dezember 1941 bis Februar 1943 war [18]. Anschließend wurde er Ia bei der Heeresgruppe Süd unter Generalfeldmarschall Erich von Manstein [19]. Auch das ein Indiz für Tresckows Personalpolitik, der einen zuverlässigen Offizier in Mansteins Stab haben wollte.

Schulze-Büttger war im Sommer 1938 Adjutant von General Beck gewesen, ähnliche Verbindungen gab es bei Tresckows Regimentskamerad Oberstleutnant i.G. Hans-Alexander von Voss [20], der vorher zum Stab Witzlebens in Paris gehört hatte und nach dem Wechsel Schulze-Büttgers zur Heeresgruppe Süd am 20. Februar 1943 dessen Nachfolger als Ia/Op wurde. Zu dem Kreis gehörten noch der Ib der Heeresgruppe Mitte [21], Oberst i.G. Bernd von Kleist, zuständig für die Versorgung. Kleist hatte wie Tresckow im Ersten Weltkrieg im 1. Garderegiment zu Fuß gedient. Weiterhin zählte dazu Major i.G. Ulrich von Oertzen [22], der im Herbst 1943 auf Betreiben Tresckows in den Stab des Wehrkreiskommandos III versetzt wurde. Außerdem sei noch erwähnt der für die Feindlage zuständige Ic der Heeresgruppe [23], Oberst i.G. Rudolf-Christoph Freiherr von Gersdorff [24].

Bei der Bildung dieses erstaunlich homogenen Kreises von Generalstabsoffizieren im Stab der Heeresgruppe Mitte nutzte Tresckow vor allem seine Freundschaft zum Chef des Heerespersonalamts aus, Generalmajor Rudolf Schmundt [25]. Schmundt hatte wie Tresckow dem Infanterieregiment 9 angehört, ohne dass dieser Tresckows wahre Absichten erahnte. Tresckow weihte die von ihm angesprochenen Offiziere nicht in alle Details ein, sondern beließ es bei dem unbedingt Notwendigen. Die Motivation Tresckows und dieser Gruppe von Offizieren speiste sich aus verschiedenen Quellen. Zum einen waren dies die zahllosen Verbrechen, von denen sie durch Berichte der nachgeordneten Kommandobehörden und durch Zeugnisse anderer Offiziere erfuhren. Hinzu kam aber noch ein ganz zentraler Punkt: Hitlers dilettantische Kriegführung, die in ihren Augen ebenfalls ein Verbrechen war, ein Verbrechen vor allem am Heer, dessen Soldaten die Zeche dafür mit ihrem Leben zahlten. Dass die verantwortlichen Generale im Oberkommando des Heeres (OKH) ebenso wie die Oberbefehlshaber der Heeresgruppen und Armeen diese Kriegführung mittrugen, machte die Sache in den Augen Tresckows nur noch schlimmer.

Man kämpfte sozusagen an zwei Fronten, gegen Hitler und gegen die militärische Führungsspitze, die die militärischen Anweisungen des Diktators befolgte und umsetzte. Hier seien als Beispiele nur der konzeptionslose Angriff im Osten mit mehreren Schwerpunkten, die Verwendung des dringend benötigten Transportraums für Nachschub und Munition für den organisierten Massenmord und die völlig verfehlte Besatzungspolitik erwähnt. Dank ihrer hemmungslosen Brutalität trieb sie bald die Teile der Bevölkerung den Partisanen in die Arme, die anfänglich die Deutschen als Befreier begrüßt hatten. All das waren in ihren Augen Verbrechen.

Wenn am Anfang für viele vor allem die dilettantische Kriegführung das treibende Moment war, so wurde sehr bald klar, dass dies von der nationalsozialistischen Vernichtungspolitik nicht getrennt werden konnte. Das eine bedingte das andere. So hatte sich Tresckow ebenso wie Graf Stauffenberg, der damals Leiter der Gruppe II der Organisationsabteilung im Generalstab des Heeres war, im Jahr 1942 erfolglos um die Oberbefehlshaber der Heeresgruppen Mitte und Süd, von Kluge und von Manstein, bemüht, um diese zumindest für eine Umstrukturierung der militärischen Spitzengliederung zu gewinnen. Das wäre einer Entmachtung Hitlers gleichgekommen. Tresckow hatte über seinen Vetter Fabian von Schlabrendorff [26] bereits die Verbindung nach Berlin zu der Gruppe um Oster und Olbricht, aber auch zum nationalkonservativen Widerstand um den ehemaligen Leipziger Oberbürgermeister Carl Friedrich Goerdeler [27] hergestellt. Im Juli 1942 war außerdem ebenfalls über Schlabrendorff erstmalig der direkte Kontakt zu Beck aufgenommen worden. Im Sommer 1942, also noch während der deutschen Sommeroffensive, deren Schwerpunkt im Süden der Sowjetunion lag und die Tresckow von vorneherein als verloren ansah, bat er außerdem Gersdorff um einen zuverlässigen und geräuschlosen Sprengstoff.

In dieser Phase sich allmählich verdichtender Vorbereitungen wurde Boeselager im Juni 1942 als erster Ordonnanzoffizier (O1)[28] zu Feldmarschall von Kluge versetzt. Spätestens im Oktober 1942 kam es dann anlässlich des sechzigsten Geburtstags von Kluge, den Hitler für eine üppige finanzielle Dotation benutzte, zu der von Boeselager beschriebenen »Rekrutierung« durch Tresckow. Damit geriet er in das Zentrum dieser Oppositionsgruppe, für die es schon bald um die Auslösung der sogenannten Initialzündung gehen sollte, des Attentats auf Hitler. Die Entscheidung fiel noch vor Stalingrad, und sie wurde vermutlich auch durch die deutsche Niederlage vor El Alamein in Afrika noch bestärkt. Der »eidfreie« Zustand, der Tod Hitlers, musste erreicht werden. Denn dann – und nur dann – würden sich die bereits angesprochenen Feldmarschälle wie Kluge auf die Seite der Verschwörer schlagen.

Die Vernichtung der 6. Armee im Kessel von Stalingrad, deren Reste am 1. Februar 1943 kapitulierten, wirkte zunächst wie ein Katalysator. Und vermutlich wäre ein Attentat Anfang Februar ein besonders günstiger Moment gewesen. Nur musste Hitler dafür an die Front kommen, und sein mehrtägiger Besuch in Mansteins Hauptquartier in Zaporože am 17. Februar 1943 wäre eine dieser Gelegenheiten gewesen. Doch war dies eben die Heeresgruppe Süd, wo ein Attentat nicht durchgeführt werden konnte.

Bei der Heeresgruppe Mitte waren stattdessen die Vorbereitungen weit gediehen. Boeselager übte bereits mit weiteren von Tresckow rekrutierten Offizieren den schwierigen Schuss mit der Pistole, um Hitler und womöglich auch Heinrich Himmler bei einem aufgrund der

Frontlage erwarteten Besuch in Kluges Hauptquartier in Smolensk durch ein gemeinschaftliches Pistolenattentat umzubringen. Anfang Februar war Tresckow außerdem einige Tage in Berlin gewesen. Mehrfach hatte er mit Olbricht und Beck konferiert und darauf gedrängt, die Vorbereitungen für den Staatsstreich mit allen Mitteln zu forcieren. Beck seinerseits trieb ebenfalls an. Er hatte Generalfeldmarschall von Witzleben, der im März 1942 von Hitler in die Führerreserve versetzt worden war, über die Pläne informiert, worauf sich Witzleben bereit erklärte, nach einem Umsturz den Oberbefehl über die Wehrmacht zu übernehmen. Zugleich wurden die Vorbereitungen Olbrichts vorangetrieben, der mit Witzleben vereinbarte, dass dieser sich bis zum 15. März bereithalten sollte. Währenddessen fragte Tresckow über Schlabrendorff an, ob der Märztermin auch wirklich stehen würde, denn für den 13. März hatte Hitler seinen Besuch im Hauptquartier der Heeresgruppe Mitte angekündigt.

Canaris flog am 7. März zur Heeresgruppe Mitte, um die Vorbereitungen zwischen Berlin und Tresckow zu koordinieren, während Olbricht in diesen Tagen in ständigem Kontakt mit Oster stand. Doch nun schien alles schiefzugehen. Beck wurde am 6. März in die Charité eingeliefert und am 8. März von dem Chirurgen Ferdinand Sauerbruch wegen Darmkrebs operiert. Weitere Eingriffe sollten folgen. Kluge, den Schlabrendorff in einer recht eindrücklichen Metapher mit einer Uhr verglich, die jeden Tag vom »Uhrmacher« Tresckow neu aufgezogen werden musste, eine Uhr, die nach Schlabrendorff leider »ziemlich häufig ablief«[29], verhinderte das gemeinsame Pistolenattentat. Vielleicht hätte es die größte Erfolgschance gehabt, aber derartige Spekulationen sind bei Historikern nicht beliebt. Bekannt ist jedoch die unendliche Enttäuschung, die diese Intervention Kluges bei Boeselager und den anderen Offizieren hervorrief. Alles war gut vorbereitet gewesen, doch die »Uhr« Kluge offenbar im entscheidenden Moment abgelaufen. Es gelang Schlabrendorff und Tresckow zwar, eine als

Cognacflaschen für Oberst i.G. Hellmuth Stieff[30] im Führerhauptquartier getarnte Sprengladung in Hitlers Maschine zu schmuggeln, doch die zwei Stunden nach dem Start erwartete Explosion unterblieb.

Ebenso scheiterte der Versuch Gersdorffs, sich am 21. März bei einer Vorführung sowjetischer Beutewaffen im Berliner Zeughaus mit Hitler in die Luft zu sprengen. Nach seiner eigenen Darstellung lag das daran, dass Hitler die Ausstellung nach nur wenigen Minuten wieder verließ und ins Freie ging, wo Gersdorff keine Möglichkeit mehr fand, in Hitlers Nähe zu kommen. Zwischen Scharfmachen der Sprengladung und der Detonation vergingen mindestens zehn Minuten, die Gersdorff ständig in Hitlers unmittelbarer Umgebung hätte verbringen müssen.[31]

Ein weiterer schwerer Schlag war die Entfernung Osters von seinem Posten in der Abwehr am 5. April 1943. Was zunächst wie ein unbedeutender Fall von Devisenschiebereien einiger Abwehrangehöriger aussah, sollte sich bald zu einem Kampf zwischen der Abwehr auf der einen und Militärjustiz und Gestapo auf der anderen Seite entwickeln. Die kurzfristigen Verhaftungen von Oberst Fritz Jäger, dem Kommandeur der Panzerersatztruppen II und XXI, der von Olbricht bei einem Umsturz in Berlin fest eingeplant war, und von Fritz-Dietlof Graf von der Schulenburg lösten starke Verunsicherungen aus.

Dass es nach diesen Ereignissen nicht zu Lähmung und Resignation kam, war vor allem das Verdienst Tresckows, der vom 25. Juli bis zum 9. Oktober 1943 in die Führerreserve versetzt wurde. Eigentlich hatte er vor Beginn seiner neuen Tätigkeit einen längeren Urlaub geplant. Aber die Landung der Angloamerikaner auf Sizilien am 10. Juli, der darauffolgende Sturz Mussolinis am 25. Juli und die vernichtenden Luftangriffe auf Hamburg zwischen dem 24. und 30. Juli 1943, von den Alliierten Operation »Gomorrha« genannt, bei denen ein großer Teil Hamburgs zerstört und mindestens 30 000 Menschen getötet wurden, ließen ein Attentat umso dringlicher werden. Ähnlich wie unmittelbar nach Stalingrad schien sich das Regime in der Defensive zu befinden. Das Problem war jedoch, dass mit Tresckows Versetzung in die Führerreserve ein Attentat an der Front kaum möglich war. Tresckow ließ sich jedoch davon nicht beirren, verwarf seine Urlaubspläne und besprach ab dem 29. Juli mit Olbricht die Umarbeitung der sogenannten Walküre-Befehle für den Umsturz.[32] Diese waren für den Fall innerer Unruhen, Aufruhr, feindliche Luftlandungen oder andere Notstandssituationen gedacht, die den Einsatz von Truppen in den Wehrkreisen regelten und damit dem Ersatzheer unterstanden. Die Modifizierung dieser Befehle führte schließlich dazu, dass sie zu einem Werkzeug des Staatsstreichs wurden.

Die überarbeiteten »Walküre«-Befehle wurden bereits zum 31. Juli 1943 an die Wehrkreiskommandanten herausgegeben, die ihre Umsetzung bis zum 12. August melden sollten, auch das ein Indiz für die neue Energie, die Tresckow in die Planungen einbrachte. Möglicherweise ist es auch ihm zuzuschreiben, dass Olbricht nunmehr bereit war, selbst ohne Generaloberst Friedrich Fromm, den Befehlshaber des Ersatzheeres, zu handeln, ja diesen zur Not auch festzusetzen.[33] Dabei gingen Tresckow und Olbricht davon aus, dass bei der Auslösung des Stichworts »Walküre« und einem gelungenen Attentat auf Hitler die Wehrkreisbefehlshaber dann die Befehle auch gegen das Regime ausführen würden.

In den Monaten August und September arbeitete Tresckow, der zu diesem Zweck in die Dienstwohnung seines Schwagers Dietlof von Arnim in Potsdam-Babelsberg gezogen war[34], mit Olbricht an zwei Komplexen: der Besetzung Berlins durch Einheiten des Ersatzheeres und der Einnahme der Hauptquartiere Hitlers, Himmlers, Görings und Ribbentrops in Ostpreußen[35]. In der zweiten Septemberhälfte traf außerdem Stauffenberg in Berlin ein, der als Chef des Stabs in das Allgemeine Heeresamt (AHA) kommandiert worden war. Er begann sich mit Oertzen in die Staatsstreichpläne einzuarbeiten.[36]

Etwa zeitgleich verbanden sich erneute Hoffnungen mit Kluge, der im September ein längeres Gespräch mit Beck hatte und zumindest handlungsbereit schien.[37] Ein schwerer Autounfall am 12. Oktober ließ Kluge jedoch für Monate ausfallen. Überlegungen, den Staatsstreich vom Westen her auszulösen, führten ebenfalls zu keinem Ergebnis. Und Tresckows Versuche, in das Oberkommando des Heeres versetzt zu werden, scheiterten. Möglicherweise wäre damit die ideale Voraussetzung für einen Staatsstreich geschaffen gewesen. Denn wenn man annimmt, dass Tresckow dadurch auch gelegentlichen Zugang zu Hitler erhalten hätte, wäre Stauffenberg am 20. Juli 1944 die fast unlösbare Doppelaufgabe erspart geblieben, Attentäter und Führer des Staatsstreichs gleichzeitig zu sein.

Sieht man von der nach wie vor ungelösten Frage des Attentats ab, so standen die Umsturzpläne im Oktober 1943 zweifellos auf einer vielversprechenden Basis. Ein Indiz dafür ist auch der übungsmäßige Einsatz einer Panzereinheit im Regierungsviertel von Berlin am 6. Oktober 1943, der zu wütenden Protesten von Joseph Goebbels führte.[38] Der mit den Verschwörern sympathisierende Chef des Generalstabs im Wehrkreis III (Berlin), Generalmajor Hans-Günther von Rost, hatte einen Luftangriff der Alliierten genutzt, um die Alarmierung seiner Truppen zu testen. Außerdem war die von der Heeresgruppe Mitte aus den Resten der 18. Panzerdivision neu aufzustellende 18. Artilleriedivision, deren Kommandeur Generalmajor Philipp Thoholte als Hauptmann im Artillerieregiment 5 unter Beck gedient hatte, offenbar für den Umsturz vorgesehen worden.[39] Schließlich hatte Tresckow in Berlin Margarethe von Oven als Leiterin des sogenannten Nachkommandos der Heeresgruppe Mitte eingesetzt. Zusammen mit Ehrengard Gräfin von der Schulenburg besorgte sie die unumgänglichen Büroarbeiten für den Umsturz, wie etwa das Schreiben der Befehle.

Mit dem 1. Dezember 1943 wurde Tresckow jedoch, nach einem kurzen Zwischenspiel als Regimentskommandeur, Chef des Generalstabs der 2. Armee und schied damit aus den direkten Berliner Planungen aus. Diese lagen nunmehr in den Händen Olbrichts, Stauffenbergs und Becks. Becks herausragende Stellung innerhalb des militärischen Widerstand war längst unbestritten. Sie beruhte nicht zuletzt darauf, dass er Hitler und das nationalsozialistische Regime als »wesenhaft unmoralisch«[40] ansah, mit der daraus zwingenden Konsequenz zur Tat. Eine Haltung, die sich in gleichem Maße etwa bei Olbricht, Stauffenberg, Oster, Witzleben und Tresckow findet.

Zugleich war die Suche nach »dem Attentäter« weitergegangen. In Hauptmann Axel von dem Bussche-Streithorst[41], Bataillonskommandeur in Tresckows altem Regiment, dem IR 9, war ein Offizier gefunden worden, der bereit war, sich mit Hitler bei einer Uniformvorführung gemeinsam mit Hilfe eines Sprengstoffattentats zu töten. Bussche fiel jedoch durch Verwundung aus, und der an seine Stelle tretende Ewald Heinrich von Kleist-Schmenzin, ebenfalls Angehöriger des IR 9, fand keine Gelegenheit zum Attentat. Es scheiterte weiterhin der Plan von Rittmeister Eberhard von Breitenbuch, der Ordonnanzoffizier bei Kluges Nachfolger Generalfeldmarschall Ernst Busch war, Hitler bei einer Besprechung am 11. März 1944 auf dem Berghof zu erschießen. Der Grund: An diesem Tag wurden plötzlich keine Ordonnanzoffiziere zur Führerlage zugelassen.

Das Problem des richtigen Attentäters wurde eigentlich erst wirklich gelöst, als Stauffenberg am 1. Juli 1944 Chef des Generalstabs beim Befehlshaber des Ersatzheeres wurde und damit unmittelbaren Zugang zu Hitler erhielt. Angesichts der Frontlage war keine Zeit mehr zu verlieren. Stauffenberg entschloss sich daher, das Attentat selbst durchzuführen. Ein Selbstmordattentat hatte ihm Beck offenbar »verboten«, weil er für die Durchführung des Staatsstreichs unentbehrlich war.[42]

Im Westen war am 6. Juni 1944 die längst erwartete Invasion der Angloamerikaner erfolgt. Nach spätestens drei Tagen war klar, dass die

Deutschen nicht in der Lage sein würden, die gelandeten Verbände »ins Meer zu werfen«. Außerdem deutete der sowjetische Kräfteaufmarsch vor der Heeresgruppe Mitte, der alles bisher Bekannte übertraf, auf eine bevorstehende Großoffensive hin. Aufgrund dieser Lage hatte Stauffenberg Tresckow durch Heinrich Graf von Lehndorff-Steinort fragen lassen, ob ein Umsturz überhaupt noch Sinn hätte. Tresckow ließ ihm daraufhin antworten, dass das Attentat unbedingt erfolgen müsse – »um jeden Preis«[43].

Als Chef des Stabes der 2. Armee war Tresckow natürlich vor allem mit der Kampfführung dieses Großverbands beschäftigt. Er verfügte dort zunächst nur über einen einzigen engen Vertrauten, Fabian von Schlabrendorff. Tresckows 2. Armee unterstand der Heeresgruppe Mitte – und damit dem Feldmarschall Busch. Die Heeresgruppe befand sich damals im sogenannten weißrussischen Bogen[44], wobei die 3. Panzerarmee auf dem linken Flügel, die 4. und 9. Armee in der Mitte und die 2. Armee auf dem rechten Flügel stand. Im Gegensatz zur Heeresgruppe, deren Lagebeurteilung einen konzentrischen Angriff auf den Frontvorsprung bei Witebsk ausschloss, hatten die Stäbe der betroffenen Armeen die russischen Angriffsabsichten ziemlich präzise vorausgesagt. Tresckow erklärte Generalleutnant Adolf Heusinger, dem Chef der Operationsabteilung im Generalstab des Heeres, dass der Gegner nicht die 2. Armee, sondern den »vorspringenden Bogen« der Heeresgruppe angreifen würde.[45] Die eklatante Fehleinschätzung der Lage bei der Heeresgruppe rührte vor allem daher, dass Hitler gegenüber Busch erklärt hatte, er hätte nicht gewusst, dass dieser auch »zu den Generalen gehöre, die stets nach hinten blicken«[46]. Der darob zutiefst erschütterte und verunsicherte Busch unterließ daraufhin alles, was ihn bei Hitler möglicherweise in Misskredit hätte bringen können. Dazu zählten vor allem pessimistische Lagebeurteilungen. Er opferte damit das Leben von Abertausenden von Soldaten.

Der sowjetische Angriff am 22. Juni 1944, die Operation »Bagration«, führte innerhalb von knapp drei Wochen zur Zerschlagung von drei Armeen und deutschen Verlusten von zirka 250 000 Mann.[47] Die 2. Armee war nicht angegriffen worden. Zunächst konnte sie die sowjetische Großoffensive einigermaßen überstehen, wurde dann aber unter spürbaren Verlusten langsam zurückgedrängt. So stand Tresckow unter einem doppelten Druck. Einerseits schien der Staatsstreich nun tatsächlich bevorzustehen, andererseits nahmen die Kampfhandlungen Tresckow massiv in Anspruch. Der einzige Aktivposten an der Ostfront war die aus dem ehemaligen Kavallerieregiment »Mitte« entstandene 3. Kavalleriebrigade. Kommandeur des Kavallerieregiments »Mitte« und später der 3. Kavalleriebrigade war Oberstleutnant Georg Freiherr von Boeselager [48]. Der Umfang der Brigade entsprach mehr dem einer Division, sie besaß ein Pionierbataillon und eine Sturmgeschützabteilung. In den Abwehrkämpfen bald nach dem Beginn der sowjetischen Großoffensive sollte sie eine wichtige Rolle spielen.[49] Beide Brüder Boeselager gehörten der Brigade an, der eine als Kommandeur, der andere als Abteilungschef. Beide wurden von Tresckow in die Staatsstreichvorbereitungen eingeplant.

Anfang Juli hatte Stauffenberg mitgeteilt, dass der Staatsstreich nunmehr bevorstünde.[50] Tresckow sandte Georg Boeselager kurz darauf nach Paris zu Kluge, in der Hoffnung, bei diesem eventuell eine Bereitschaft zum Handeln auszulösen. Möglicherweise würde diese auch die Kontaktaufnahme zu den Angloamerikanern einschließen. Doch konnte Boeselager am 7. Juli bei Kluge nichts erreichen. Am 10. Juli informierte Tresckow Oberst Schulze-Büttger, den Chef des Generalstabs der weiter südlich stehenden 4. Panzerarmee, über den bevorstehenden Staatsstreich. Einen Tag vorher war Major i.G. von Oertzen mit dem Auftrag Tresckows, personellen und materiellen Ersatz für die 2. Armee anzufordern, bei Olbricht eingetroffen. Dies war jedoch nur ein Vorwand, denn in Wirklichkeit sollte Oertzen Olbricht und Stauffenberg bei der Staatsstreichvorbereitung unterstützen.[51] Eine Möglichkeit zum Attentat am 11. Juli wurde von Stauffenberg nicht genutzt, weil Himmler und Göring nicht anwesend waren. Sie sollten zusammen mit Hitler ausgeschaltet werden. Dies galt auch für den 15. Juli, als Stauffenberg mit Fromm in das Führerhauptquartier »Wolfsschanze« bei Rastenburg in Ostpreußen befohlen wurde, ohne dass Stauffenberg das Attentat auszuführen vermochte.[52]

Ebenfalls um den 15. Juli informierte Georg von Boeselager seinen Bruder Philipp, der die 1. Abteilung des Reiterregiments 31 führte. Er solle beginnen, sechs Schwadronen aus der 3. Brigade herauszuziehen. Dies wurde deshalb möglich, weil Tresckow die Brigade im Rahmen des XX. Armeekorps (AK) einsetzte. Einerseits fungierte sie dort als bewegliche Reserve und war damit auch für den Staatsstreich verfügbar. Andererseits erhielt sie die Aufgabe, den Rückzug des XX. AK zu decken. Dies geschah, als am 11. Juli die sowjetische Offensive im Raum Pinsk begann und der Großangriff der 1. Weißrussischen Front die 2. Armee allmählich Richtung Brest-Litowsk zurückdrängte.[53]

Am 17. Juli erfuhr Tresckow von Oertzen, dass ein neuer Attentatsversuch bevorstehe. Am nächsten Tag traf Boeselagers Kavalleriebrigade nach mehrtägigen Rückzugsgefechten im Raum südlich von Kobryn ein. Am 18. Juli wurden auch sechs Schwadronen des Reiterregiments 31 aus der Front gezogen, die unter Philipp von Boeselagers Kommando nach Westen abritten. Philipp von Boeselager hatte nur die Chefs der 1. und 3. Schwadron eingeweiht, für den Rest ging es nach Westen wegen eines notwendigen Einsatzes gegen starke Partisanenkräfte. Ein sowjetischer Durchbruch am 18. und 19. Juli nördlich Brest-Litowsk gab Tresckow die Gelegenheit, die 3. Kavalleriebrigade dem Festungskommandanten von Brest-Litowsk zu unterstellen, ohne dass sie dort eingesetzt war. Er konnte sie aber dadurch zeitweilig der Verfügung des Armeeoberkommandos entziehen, und so schuf er die militärische Begründung für die Verfügbarkeit für den Umsturz.

Das Marschziel der Schwadronen befand sich zwischen den Feldflughäfen Biała-Podlaska und Terespol, und im Lauf des 20. Juli trafen sämtliche Schwadronen im Bereitstellungsraum ein. Vorgesehen war dann der Transport der Truppe auf Lastkraftwagen zu einem der Feldflugplätze. Von dort sollte es mit Transportmaschinen nach Berlin gehen, die allerdings von der Heeresgruppe erst angefordert werden mussten.

Tresckow hatte am 19. Juli die 28. Jägerdivision besucht, die der 2. Armee unterstellt und bei den Abwehrkämpfen fast zerschlagen worden war. Der Ia der 28. Jägerdivision, Major i.G. Joachim Kuhn[54], war ein enger Mitverschworener, den Tresckow nun über das unmittelbar bevorstehende Attentat unterrichtete.

Am Nachmittag des 20. Juli erhielt Tresckow zunächst die Nachricht aus Berlin, dass das Attentat auf Hitler geglückt sei. Aber schon am Abend erfuhr Tresckow, dass es doch gescheitert war. Um 17.42 Uhr hatte der Rundfunk bekannt gegeben, dass auf Hitler ein Attentat verübt, dieser aber nur leicht verletzt worden sei. Georg von Boeselager schickte daraufhin einen Melder zu seinem Bruder.

»Alles in die alten Löcher« – das war das Stichwort für ein misslungenes Attentat. Philipp Boeselager führte die sechs Schwadronen nunmehr in ihren neuen Einsatzraum. Für Tresckow wurde das Scheitern nach Hitlers Rundfunkansprache in der Nacht endgültig Gewissheit. Er fasste den Entschluss, sich zu töten.[55] Am Morgen des 21. Juli verließ er sein Hauptquartier bei der 2. Armee, um unter anderem die 28. Jägerdivision zu besuchen. Er fuhr im Kübelwagen an die Front. Um 15.45 Uhr meldete der Chef des Generalstabs des LV. Korps, Oberst i.G. Johannes Hölz: »General von Tresckow ist bei Erkundungsfahrt bei 28. Jäger-Div. gefallen im Wald nordostwärts Nowosiołki.«[56] Tresckow hatte seinem Leben ein Ende gesetzt. Philipp von Boeselager überlebte den Krieg. Er erhielt, merkwürdige Ironie der Geschichte, ausgerechnet am 20. Juli 1944 das Ritterkreuz. Georg von Boeselager blieb ebenfalls unentdeckt, er fiel am 27. August 1944.

Neben Stauffenberg, Oster und Beck war Tresckow eine der Zentralfiguren der Militäropposition. Für die Brüder Boeselager war er in jeder Beziehung ein Vorbild. Als Mensch sowie als Soldat und Generalstabsoffizier vermochte er, auch darin glich er Stauffenberg, die jungen Offiziere in seiner Umgebung nicht nur zu überzeugen, sondern sie zur aktiven Teilnahme an Staatsstreich und Attentat zu bewegen. Ihm im Nachhinein eine zeitweilige Billigung nationalsozialistischer Vernichtungsmaßnahmen lediglich aufgrund der Kenntnis dieser vorzuwerfen, ist das, was Hans Magnus Enzensberger eine »nachträgliche Besserwisserei« nennt, die einer »moral insanity«[57] gleichkommt. Dem ist nichts hinzufügen.

Romedio Galeazzo Reichsgraf von Thun-Hohenstein

Der Ritt der 1200

22. Juni 1944.

Auf den Tag genau drei Jahre war es her, dass die deutschen Truppen die Sowjetunion überfallen hatten. Nun standen sie noch immer tief im russischen Gebiet, aber das Blatt hatte sich gewendet. Die Frontlinien waren kaum noch zu verteidigen und mussten ständig zurückgenommen werden. Trotzdem reichte die Spitze der Heeresgruppe Mitte noch fast bis Smolensk. Da begann mit ungeheurer Wucht die sowjetische Sommeroffensive. Der Oberbefehlshaber der Heeresgruppe Mitte, Generalfeldmarschall Ernst Busch, und Adolf Hitler als oberster Feldherr der deutschen Truppen hatten zunächst nicht an einen sowjetischen Großangriff geglaubt. Und ihn dann, als er doch einsetzte, in seiner Stärke unterschätzt. Noch am 19. Juni war Busch in den Heimaturlaub gefahren. Nur kurze Zeit später sprengten sowjetische Partisanen alle wichtigen Bahnverbindungen in dem weißrussischen Gebiet und zerstörten damit die für die deutschen Truppen so wichtigen Verkehrswege.

Die deutschen Kommandeure erkannten schnell, dass sie die Schlacht nicht gewinnen konnten, doch Busch und Hitler glaubten, die Front halten zu müssen. Statt den Einheiten einen geordneten Rückzug zu ermöglichen, um an der polnischen Grenze eine neue Verteidigungslinie aufbauen zu können, verlangten beide den Kampf bis zum

V. l. n. r.: Claus Schenk Graf von Stauffenberg, Karl-Jesko von Puttkamer, unbekannt, Adolf Hitler, Wilhelm Keitel am 15. Juli 1944 im Führerhauptquartier Wolfsschanze.

letzten Mann. Sie ließen Städte wie Brest-Litowsk zu »festen Plätzen« erklären, die so lange wie möglich gehalten werden sollten. Die Befehle, die weit an der militärischen Realität vorbeigingen, bedeuteten das Ende der Heeresgruppe Mitte. Auch die Ablösung Buschs durch Generalfeldmarschall Walter Model am 28. Juni konnte nichts mehr ändern. Die deutschen Verbände wurden auseinandergesprengt, eingekesselt und schließlich vernichtend geschlagen. Zehntausende von deutschen Soldaten starben oder gerieten in Gefangenschaft.

Während die Kämpfe an der Ostfront mit äußerster Härte geführt wurden, bereitete in Berlin eine Gruppe von Verschwörern um den Oberst und Stabschef des Ersatzheeres, Claus Schenk Graf von Stauffenberg, das Attentat auf Hitler vor. Am 20. Juli 1944 wollte sie ihn im Führerhauptquartier »Wolfsschanze« bei einer Lagebesprechung in die Luft sprengen. Bei dem Staatsstreich sollten Soldaten der Heeresgruppe Mitte eine wichtige Rolle spielen. Denn im Stab dieser Heeresgruppe hatte sich schon kurz nach dem Überfall auf die Sowjetunion eine Widerstandsgruppe um Henning von Tresckow gebildet, die den Tod Hitlers als Voraussetzung für den Frieden und die politische Neuordnung Deutschlands ansah. Mehrere Versuche dieser Gruppe, den Diktator zu erschießen oder mit Sprengstoff zu töten, waren aus verschiedenen Gründen gescheitert.

Ende November 1943 wurde Tresckow zum Stabschef der 2. Armee ernannt, die am Südflügel der Heeresgruppe Mitte eingesetzt war. Er hielt weiter Kontakt zu den Verschwörern in Berlin sowie zu den Brüdern Georg und Philipp von Boeselager, die er persönlich für den Widerstand gewonnen hatte und die ihm jetzt unterstanden.

Der achtundzwanzigjährige Oberstleutnant Georg Freiherr von Boeselager war der Kommandeur des Reiterregiments 31, das zur 3. Kavalleriebrigade gehörte. Sein Bruder Philipp, zwei Jahre jünger, führte als Major die 1. Abteilung des Regiments. Beide wurden von ihren Soldaten außerordentlich geschätzt und hatten für ihre militäri-

Beim Stab der 3. Kavalleriebrigade: 5. v. r. Georg von Boeselager, daneben der gerade mit dem Ritterkreuz ausgezeichnete Philipp von Boeselager.

schen Leistungen das Ritterkreuz erhalten (Georg sogar mit Eichenlaub). Und beide waren überzeugte Gegner Hitlers. Da sie das Vertrauen ihrer Mannschaften, Unteroffiziere und Offiziere besaßen, waren sie dafür prädestiniert, den Umsturz in Berlin militärisch zu unterstützen. Allerdings lag das Reiterregiment fast tausend Kilometer von der deutschen Hauptstadt entfernt. Und am 14. Juli 1944 hatte die sowjetische Militärführung ihren Angriff auf die 2. Armee begonnen, die bis dahin noch geschont worden war. Das Reiterregiment der Brüder Boeselager lag in schweren Abwehrkämpfen und hatte die Aufgabe, durch das geschickte Ausnutzen des Geländes überraschende Angriffe durchzuführen und sogenannten hinhaltenden Widerstand zu leisten, um der Infanterie den Rückmarsch nach Westen zu ermöglichen.

Diese besondere Situation hatte Vor- und Nachteile für den möglichst unauffälligen Abzug von größeren Truppenteilen, um in Berlin den Staatsstreich abzusichern. Einerseits setzten die schweren Abwehrkämpfe den Kavalleristen heftig zu, andererseits waren die einzelnen kleineren Einheiten, die Schwadronen, ständig unterwegs und entzogen sich damit einer genaueren Kontrolle. Denn selbstverständlich waren nur ganz wenige Vertraute in die Umsturzpläne eingeweiht. Dazu gehörten die Rittmeister Wilhelm König und Jan Dirk Hidding, die die 1. beziehungsweise 3. Schwadron führten. Philipp von Boeselager sollte zusammen mit 1200 Soldaten von der Front, die etwa achtzig Kilometer östlich von Brest-Litowsk lag, rund zweihundert Kilometer nach Westen zu einem Sammelplatz reiten, wo Lkws bereitstehen würden, um die Kavalleristen zu einem Feldflugplatz zu bringen. Von dort aus sollte es mit JU-52-Flugzeugen nach Berlin-Tempelhof gehen. Die sechs Schwadronen des Reiterregiments wären die größte militärische Einheit gewesen, die den Verschwörern um Graf Stauffenberg direkt unterstanden hätte. Und alles deutete darauf hin, dass die Soldaten den Befehlen ihrer Kommandeure auch gefolgt wären.

Georg von Boeselager, der noch an den Folgen einer Kriegsverletzung laborierte, sollte zunächst bei Tresckow im Stab der 2. Armee bleiben und dann – nach dem geglückten Attentat – nach Berlin fliegen, um den mit einem weiteren Regiment verstärkten Verband zu übernehmen. Die Führung der sechs Schwadronen wurde deshalb seinem Bruder Philipp anvertraut. Angesichts der schwierigen militärischen Lage an der Ostfront, der weitgehend zerstörten Verkehrsinfrastruktur und den nur noch eingeschränkt nutzbaren Funkverbindungen war das ein mehr als abenteuerliches Unterfangen. Und von den weiteren Problemen, die während des Gewaltritts entstehen sollten, konnte Philipp von Boeselager noch gar nichts ahnen, als er am 15. Juli die ersten zweihundert Mann aus dem Regiment herauslöste und sie hinter die Front schickte, um sie für den Berlin-Einsatz zur Verfügung zu haben. Sein Bruder hatte ihm nämlich mitgeteilt, dass das Attentat unmittelbar bevorstünde.

»Dem Brigadeadjutanten meldete ich diese Soldaten kurzerhand als Verluste«, erinnert sich Philipp von Boeselager. »Nach dem Scheitern des 20. Juli hatte ich dann große Schwierigkeiten, diese Männer verpflegungsamtlich wieder »lebendig« zu machen, denn die Verpflegungsstärke der Schwadronen musste regelmäßig gemeldet werden. Zwar kam es vor, dass einzelne Vermisste wieder auftauchten, aber gleich zweihundert? Auf die hartnäckigen Nachfragen des Brigadeadjutanten, die das ganze Geheimunternehmen an den Tag bringen und mir sehr gefährlich werden konnten, antwortete ich schließlich, wir hätten uns neulich mit einer Null vertan und statt zwanzig Vermisste zweihundert gemeldet.«[1]

Weniger schwierig war es, die noch fehlenden tausend Reiter aus dem Verband herauszuziehen. Als nämlich Philipp von Boeselager am 18. Juli 1944 von seinem Bruder den Befehl »Auf nach Berlin!« erhielt, hatte die Infanterie gerade eine befestigte Stellung bei Brest-Litowsk bezogen – und das Reiterregiment sollte sich als Reserve hinter diese Linie begeben. Es fiel also gar nicht auf, als am Morgen des 18. Juli um Rybno die 1. bis 4., die 6. und die 8. Schwadron des Reiterregiments 31 zusammengezogen und nach Westen in Marsch gesetzt wurden. Philipp von Boeselager blieb zunächst noch an der Front, weil die anderen Schwadronen des Regiments weiterhin in heftige Nachhutgefechte verwickelt waren. Dann brach er mit dem Auto auf und erreichte in der Nacht zum 19. Juli seine Soldaten. Als ranghöchster Offizier führte er den Verband mal vom Auto und mal vom Pferd aus, bis sein Bruder Georg zu ihnen stieß, den es nicht bei Tresckow gehalten hatte.

Philipp von Boeselagers Pferd Moritz.

»Ich sehe mich noch nachts mit meinem Pferd Moritz stehen. Ich war abgesessen, um die Soldaten vorbeireiten zu lassen und zu sehen, ob sie noch einsatzfähig waren. Wir kamen direkt aus dem Kampf. Und das war ein sehr harter Kampf gewesen. Und dann dieser Marsch. Das war körperlich wahnsinnig anstrengend. Ich sah, die pennten alle auf den Pferden. Das ging ganz gut. Ich war also guter Hoffnung. Dann bin ich wieder gefahren, um Brücken und Wege zu erkunden, damit wir keinen Umweg machen mussten, denn wir kannten dieses Gelände gar nicht.«[2]

Eine weitere Schwierigkeit war, dass die einzelnen Schwadronen im großen Abstand reiten mussten, damit sich der Staub, den die Pferde im Trab aufwirbelten, erst wieder setzen konnte. Damit war die Einheit nicht leicht zu kontrollieren. Und der Weg hatte weitere Tücken. Der Quartiermeister der Kavalleriebrigade, Rittmeister Ulrich Gigas, war in Andeutungen in das Unternehmen eingeweiht. Er sollte die Lastwagen für den Abtransport der Soldaten zum Feldflugplatz zur Verfügung stellen, und er war auch für den Nachschub zuständig. Um die Versorgung der Truppe zu sichern, hatte er fünfzehn voll beladene Lkws mit sechzig Soldaten in Richtung Westen in Marsch gesetzt.

Kurz vor Brest-Litowsk wurde die Kolonne von der Feldpolizei umgeleitet und geriet in einen sowjetischen Hinterhalt mit Panzern und Kavallerieeinheiten. Nur zehn Soldaten gelang die Flucht. Ein Lastwagen konnte gerettet werden. Unteroffizier Koske von der 8. Schwadron berichtete später: »Ich erreichte durch ein Weizenfeld robbend den Bahndamm, sprang auf einen zufällig vorbeifahrenden Güterzug. In dem leeren Waggon liegend sah ich dann, dass mehrere Kameraden, an den Händen gefesselt, neben den Pferden herlaufen mussten. Die Eisenbahnfahrt endete nach zirka zweihundert bis dreihundert Metern im Feuer der sowjetischen Panzer, Lokführer tot, Heizer verwundet. Wir beide schlichen uns davon. Stießen später auf vier Mann mit einem Schwerverwundeten und erreichten Stunden später ungarische Stellungen. Dort fanden wir Stabswachtmeister Dallüge mit drei Mann und dem Lkw mit dem Gepäck der 7./31 vor.«[3]

Die sogenannten Boeselagerschen Reiter wären also weitgehend ohne persönliche Ausrüstung in Berlin angekommen. Was das bedeutet hätte, ist schwer abzuschätzen.

Die Gegend um Brest-Litowsk erwies sich aber nicht nur wegen der überraschenden sowjetischen Angriffe als gefährliches Nadelöhr. Auch die Stadt selbst war ein gefährliches Hindernis. Der Status als »fester Platz« verlieh dem Stadtkommandanten, Generalleutnant Walter Scheller, weitgehende Rechte. So konnte er jeden Soldaten, der sich in der Stadt befand, seinem Befehl unterstellen. Philipp von Boeselager entschied sich deshalb, mit drei Schwadronen, also der Hälfte der Soldaten, Brest-Litowsk zu umgehen, obwohl das einen Zeitverlust bedeutete. Sein Bruder wählte den Weg durch die Stadt, auch auf die Gefahr hin, festgehalten zu werden. Den Reitern wurde auf den Kopfsteinpflastern Trab befohlen. Das war, so Philipp von Boeselager, »sonst zur Schonung der Pferde strengstens verboten. Als die Schwadronen meinen Bruder an einer Straßenecke stehen sahen, parierten sie deshalb aus Angst vor einem Rüffel zum Schritt durch. Aber mein Bruder rief ihnen zu: ›Vorwärts, vorwärts!‹ Das hatte es noch nie gegeben. Da musste etwas Merkwürdiges los sein.«[4]

Die meisten Soldaten ahnten nicht, welche Bedeutung ihr Ritt wirklich hatte. 1200 Männer waren auf genauso vielen Pferden mit unbekanntem Ziel in Richtung Westen unterwegs. Immer wieder wurde zur höchsten Eile angetrieben. Pausen gab es so gut wie keine. Wer konnte, schlief auf den Pferden. In der Nacht vom 19. auf den 20. Juli rutschten übermüdete Reiter mehrfach aus dem Sattel. Trotzdem scherte niemand aus. Die Soldaten vertrauten ihren Vorgesetzten. Sie wussten, dass sie nichts Sinnloses befehlen würden. Den wenigen Eingeweihten ging es zunächst nur darum, den Sammelplatz im polnischen Lachówka möglichst schnell zu erreichen, um den Umsturz in Berlin wirkungsvoll absichern zu können. Die beiden schon erwähnten Rittmeister König und Hidding trugen dabei eine besondere Verantwortung.

Wilhelm König und Jan Dirk Hidding.

Philipp von Boeselager hatte sie mit Karten von Berlin ausgestattet, die den Wilhelmplatz und die Prinz-Albrecht-Straße mit ihren Gebäuden zeigten. Zwar sollte der genaue Einsatz der Soldaten erst in Berlin festgelegt werden, aber es war, so Philipp von Boeselager, sehr wahrscheinlich, dass sie gegen die SS (in der Prinz-Albrecht-Straße) und gegen das Propagandaministerium (am Wilhelmplatz) vorgehen würden. Allerdings sollten sie erst nach dem geglückten Attentat eingreifen. »Dann wäre der an Hitler bindende Eid hinfällig gewesen. Ich bin fest überzeugt, dass die Reiter uns dann bedingungslos gefolgt wären. Es war viel zu gefährlich, die Offiziere über das unbedingt Erforderliche hinaus einzuweihen. Die Rache der Nazis wäre furchtbar gewesen.«[5]

Rittmeister Hidding wusste um die Gefahr, in die er sich begeben hatte, als er die Karten in seine Tasche packte. Und er bezahlte seinen

Das Propagandaministerium am Wilhelmplatz.

Mut noch während des Ritts mit dem Leben. Philipp von Boeselager erzählt: »Ich war wieder abgesessen, um die Schwadronen vorbeireiten zu lassen. Es war dunkle Nacht. Da hörte ich von hinten ein ›Blob‹. Das war genau das Geräusch, das eine Mine macht, wenn sie hochgeht. Das geschah öfters, dass Minen hochgingen. Das hatte man schon erlebt. Den Reitern passierte gewöhnlich nichts, weil der Sprengstoff in den Bauch des Pferdes ging. Die Beine des Reiters konnten beschädigt werden, aber der Reiter selbst wurde nicht lebensgefährlich verletzt. Jetzt rief man langsam von hinten nach vorne durch, der Rittmeister Hidding ist auf eine Mine geritten, der Rittmeister Hidding ist tot. Mir war sofort klar, dass jetzt der Bursche, den er hatte, zu ihm kommen und alles bergen würde, was er hatte. Das war ein strikter Befehl bei uns, dass die Privatsachen sofort sichergestellt wurden. Und wenn der Bursche die Karte (von Berlin) fand, die der Rittmeister bei sich hatte, dann konnte das schiefgehen. Zunächst war das schrecklich, weil das ein guter Freund war. Und es war auch irgendwie ein Omen, dass gerade der auf die Mine geritten war, da hinten. Da waren tausend Pferde den Weg geritten, und er hatte die letzte Schwadron, die letzten zweihundert, da reitet er auf die Mine, wo tausend Pferde dahergeritten waren. Ich habe mich ins Auto gesetzt und bin dahin gefahren. Ich habe mich, er lag im Straßengraben, über ihn gebeugt im Dunkeln und die Kartentasche, die unter ihm lag, gefunden und herausgeholt. Sie war völlig kaputt. Sie war voller Schweiß und Blut. Ich habe sie eingesteckt. Sie können sich vorstellen, was das für ein schönes Gefühl war.«[6]

Für Philipp von Boeselager war es schwer, den Tod des Freundes zu verkraften; noch Jahrzehnte später würde ihn die Erinnerung schmerzen. In dieser Nacht aber war für Trauer keine Zeit. Das große Ziel, Hitler zu stürzen und den Nationalsozialisten die Macht aus den Händen zu nehmen, stand über allem.

Nach zweihundert Kilometern und sechsunddreißig Stunden im Sattel erreichten die Reiter am 20. Juli nachmittags den Sammelpunkt in Lachówka. Sie trafen mit den großen Abständen ein, die sie während des gesamten Ritts eingehalten hatten. »Ich saß dort und wartete«, berichtet Philipp von Boeselager. »Da war eine Kiefer an einem Hang, vier weitere Kiefern und eine Birke, an die ich mich lehnte«[7], während alle gebannt auf die nächsten Schritte warteten. Denn niemand außer den wenigen Eingeweihten kannte die wahren Hintergründe der Mission. Schließlich mussten die Pferde versorgt werden, weil sie an dem Treffpunkt zurückbleiben sollten.

»Befehle zur Umgliederung und zur Vorbereitung auf einen Lkw-Transport folgten«, schrieb später der Chef der damaligen 6. Schwadron, Rittmeister Alexander Frevert-Niedermein, der nichts von dem Attentat auf Hitler wusste. »Wir hatten eine erheblich größere Kampf- und Einsatzstärke als sonst, weil die Schwadronen aufgefüllt waren. Erst später erfuhren wir, dass der Lkw-Transport von Lachówka aus zum Feldflughafen vorgesehen war.«[8]

Philipp von Boeselager verfolgte die Vorbereitungen mit gespannter Erwartung. Über das Attentat selbst hatte er noch nichts erfahren: »Da kam der Melder von meinem Bruder, der Obergefreite Rethel, ein erstklassiger Kommunist, das wussten wir alle, und ein prima Fahrer, der sich nie festfuhr und immer pünktlich war. Er brachte mir einen Zettel, so einen kleinen Zettel, wo draufstand: ›Alles in die alten Löcher.‹ Das war so ausgemacht, wenn das Attentat nicht ausgeführt worden war. Wir mussten wieder auf die Pferde, Munition abgeben usw. Und wir ritten wieder nach dem Osten. Ich dachte, das kann nicht gut gehen. Abends hörte man dann – wir wussten ja nicht, was passiert war – im Wehrmachtsradio vom Attentat. Die Leute haben natürlich etwas gemerkt.«[9] Aber alle hielten den Mund. Erst 1950, als sie sich wieder trafen, hat Philipp von Boeselager sie über den Zweck des Ritts aufgeklärt. Niemand hatte bis dahin etwas Genaueres gewusst, aber geahnt hatten es einige. Die Treue zu ihren Vorgesetzten und die Angst davor, auf die richtigen Fragen möglicherweise ehrliche Antworten zu erhalten, hatte sie am 20. Juli 1944 verstummen lassen. So waren sie Soldaten geblieben, die nur den Befehlen ihrer Vorgesetzten gehorcht hatten.

Philipp von Boeselager: »Wir ritten wieder an die Front. Ich ritt an der Spitze der Schwadronen. Schweigend trabten wir in die beginnende Nacht. Man hörte nur das Knirschen der Sättel und das Knarren des Zaumzeugs. Jeder hing seinen Gedanken nach. Die Zukunft stand schwarz und drohend vor mir.«[10]

Was die nächsten Tage bringen würden, wusste niemand. Philipp von Boeselager stand kurz vor seinem siebenundzwanzigsten Geburtstag. Seit 1942 hatte er zum inneren Kreis des Widerstands gehört und sich aktiv an den Umsturzversuchen beteiligt. In Gesprächen und in seinen Vorträgen berichtet er immer wieder, was ihn bewogen hat, sich dem militärischen Widerstand anzuschließen und dabei den Tod Hitlers nicht nur billigend in Kauf zu nehmen, sondern sogar selbst bereit zu sein, ihn herbeizuführen. Von entscheidender Bedeutung sind für ihn dabei seine Herkunft und seine Erziehung, die einen Menschen formten, der alles das, was er anpackte, mit äußerster Konsequenz verfolgte.

Glaube und Selbstverantwortung

Der ehemalige Archivleiter des Rhein-Sieg-Kreises, Heinz W. Doepgen, hat 1986 in einem Aufsatz und in einem Buch die Ursprünge der Familie von Boeselager aufgezeigt. Erstmals belegt ist der Name danach 1363 im Erzstift Magdeburg. Im Jahr 1446 beginnt die urkundlich bezeugte Stammreihe. »Aber schon seit der zweiten Hälfte des 16. Jahrhunderts war das Geschlecht in der Grafschaft Mansfeld, im Jeverland, im Gebiet von Osnabrück und später in der westfälischen Ritterschaft vertreten. Die Verpflanzung ins Rheinland schließlich erfolgte durch die Heirat von Karl Freiherr von Boeselager-Heeßen mit Josephine Gräfin von Belderbusch 1825.«[11]

Die Erbtochter des Bonner Landrats (und früheren Bonner Bürgermeisters) war 1804 während eines Besuchs Napoleons und seiner Frau Joséphine geboren worden und erhielt den Namen sowie die Patenschaft der französischen Kaiserin. »Karl und Josephine von Boeselager vergrößerten 1826 durch eine Erbschaft ihren Besitz. Verursacht durch zahlreiche Todesfälle, vermachte der überlebende Karl das gesamte Vermögen seinem Großneffen Karl, der aber als Jesuit alles seinem Bruder Philipp, verheiratet mit Therese Gräfin Stolberg-Stolberg, weitergab.« Sein Sohn Albert wiederum ehelichte Maria-Theresia Freiin von Salis-Soglio, die Tochter eines (ebenfalls katholischen) preußischen Juristen und Beamten. »Ihr Geschlecht stammte aus Graubün-

Die Burg Heimerzheim, Ort der Kindheit von Philipp von Boeselager.

den in der Schweiz, das Kastell Soglio war bereits im 10. Jahrhundert im Besitz ihrer Familie, die sich in der Schweiz, in Österreich, in Holland und in Deutschland in zahlreichen Zweigen fortsetzte.« Die Familie verlegte ihren Wohnsitz von Bonn auf die Burg Heimerzheim, wo Philipp Leopold Antonius Hubertus Freiherr von Boeselager am 6. September 1917 geboren wurde. Philipp wuchs zusammen mit vier Brüdern und vier Schwestern auf, ein Bruder starb früh.

Sein Vater war ein hochgebildeter Mann, der viel reiste und mehrere Sprachen beherrschte. Er führte ein großes Haus und empfing gern Gäste. Seine große Leidenschaft, die er an Philipp und seine Brüder weitergab, war die Jagd. 1930 veröffentlichte er sogar einen Sammelband mit seinen Jagderlebnissen in Europa.[12] Am Ersten Weltkrieg hatte er als preußischer Reserveoffizier bei den Kürassieren in Münster teilgenommen. Das war etwas Besonderes, denn seine Familie war katholisch und hegte nicht unbegründete Vorbehalte gegen das protestantische Preußen. Unter Bismarck waren Katholiken in Preußen Bürger zweiter Klasse gewesen. Das hatte die Familie sogar am eigenen Leib erfahren. Philipp von Boeselager berichtet, dass sein Großonkel Karl Preußen verlassen musste, weil dort der Jesuitenorden verboten war. »Mein Großvater Salis, der als Beamter bei der Regierung in Kassel an einer Fronleichnamsprozession teilgenommen hatte, wurde nach Königsberg strafversetzt, ›damit man nicht von einem preußischen Beamten sagen könne, er fördere den katholischen Kultus‹. Beim Urgroßvater meiner Frau, dem Grafen Westphalen in Fürstenberg (bei Paderborn), waren alle Gutswagen dazu benutzt worden, sonntags die Dorfbewohner in die Kirche der Nachbarpfarrei Wünnenberg zu fahren, weil es in Fürstenberg keinen Pfarrer gab. Man fuhr nach Wünnenberg nicht etwa, weil man frommer war als heute und keine Mühe scheute, um sonntags in die Kirche zu gehen – nein, man wollte ganz ostentativ seine antipreußische Gesinnung dokumentieren.«[13] In Fürstenberg hatten die Preußen nach dem Tod des Pfarrers eine Neubesetzung der Stelle nämlich verboten.

Obwohl der Kulturkampf unter Wilhelm II. beendet wurde, blieb die Skepsis gegenüber Preußen bestehen und bestimmte auch das Verhältnis zur Weimarer Republik. Hinzu kam, dass die Burg Heimerzheim nach den Bestimmungen des Versailler Vertrags bis 1926 im von französischen Truppen besetzten Rheinland lag, ein Politikum, das die patriotischen Gefühle verstärkte. »Politisch waren meine Eltern im Weimarer Staat nicht zu Hause«, hat Philipp von Boeselager einmal geschrieben. »Das Zentrum war zu spießig und die Deutschnationale Partei zu protestantisch.«[14] Als Reserveoffizier trat Albert von Boeselager dem rechtsgerichteten Bund der Frontsoldaten bei, dem »Stahlhelm«. Das hieß aber nicht, dass der Vater auch anfällig für nationalsozialistische Ideen gewesen wäre, obwohl er nach 1933 für wenige Jahre der NSDAP angehörte.

Die Richtschnur für das sittliche und politische Handeln war und blieb der katholische Glauben, der Philipp von Boeselager bis heute prägt. Er bestimmte auch das Leben in der Familie. Die Eltern waren die Vorbilder für ihre Kinder, die sich »in der Hand der Mutter und des Vaters gut aufgehoben« fühlten. »Wir hatten als Kinder große Freiheiten«, erinnert sich Philipp von Boeselager, aber es gab auch klar definierte Grenzen. »Es war ein einfaches, aber deutlich strukturiertes Leben, was uns dann auch begleitet hat.« In diesem liberalen Familienumfeld wurde der Glaube auch nicht als strenge konfessionelle Bindung, sondern als »lockere Katholizität« gelebt. »Wir lernten, dass dieser Glaube uns froh macht und dass dieser Glaube uns sicher durchs Leben führen wird, wenn wir uns an ihn halten. Damit hat unser Elternhaus uns das mitgegeben, was wir für das Leben gebraucht haben.«[15] Dieser Glaube war es, der ihm später die Kraft gegeben hat, nicht nur mit Hitler und der NS-Regierung zu brechen, sondern auch aktiv gegen sie vorzugehen.

Der Glaube bestimmte auch die Schulwahl. Im Herbst 1928 kam Philipp von Boeselager, nachdem er zunächst zu Hause von Privatlehrern unterrichtet worden war, in das Internat des Aloisius-Kollegs in Godesberg und traf dabei auf seine beiden älteren Brüder Hermann und Georg. Das Kolleg war eine Einrichtung der Jesuiten, an deren Spitze mit Pater Rodewyk ein hochdekorierter Offizier aus dem Ersten Weltkrieg stand. Der Wahlspruch der Schule lautete: »Deo, Patriae, Vitae« (»Für Gott, fürs Vaterland, fürs Leben«). Man dachte national, ohne nationalistisch zu sein, und hatte klare Erziehungsideale, die Philipp von Boeselager in dem Satz zusammenfasst: »Man lernte mehr Haltung als Wissen.«[16]

Ziel war es nicht, Jesuiten oder Offiziere auszubilden, sondern jeden Schüler nach seinen Anlagen und Fähigkeiten zu fördern. »Zunächst einmal war jeder Lehrer angehalten, Vertrauen zu schenken, um Vertrauen zu erhalten«, schreibt Heinz W. Doepgen über das Aloisius-

Albert Freiherr und Maria-Theresia Freifrau von Boeselager, geb. von Salis-Saglio.

Kolleg. »Die Behandlung der Schüler war sorgfältig abgestimmt auf die Anforderungen der Gemeinschaft und die Eigenarten jedes Einzelnen. Disziplin wurde nur so weit gefordert, um das Zusammenleben geregelt ablaufen zu lassen. Die Konzentration im Unterricht wechselte ab mit Ausgelassenheit in Sport und Spiel. Fehlverhalten der Schüler konnte in einfühlsamen Gesprächen geklärt werden, scharfe Zurechtweisungen, besonders Demütigungen, blieben ihnen erspart. Jede Klasse sollte eine verschworene Lebensgemeinschaft bilden, auch außerhalb der Schule, auch nach dem Abitur im Berufsleben. Der Schulleiter und die Lehrer blieben Ansprechpartner für das weitere Leben. Freundschaft und gegenseitige Unterstützung wurden systematisch gefördert, unkameradschaftliches Verhalten oder Strebertum eingedämmt. Es wurde aber auch gelehrt, dass ein Einsatz für eine gute Sache lohnt, ja, dass sich auch dann der ganze Mensch geben kann. Die jeder Humanität zugrunde liegenden sittlichen Werte standen im Mittelpunkt der Erziehung. Dies geschah alles vor dem Hintergrund, dass der Christ auch von der Existenz des Bösen in der Welt weiß und sich dieser Tatsache stellen muss.«[17]

Im Rückblick gibt es für Philipp von Boeselager noch andere Punkte, die für ihn wichtig wurden. In dem Godesberger Internat lernte er Selbstdisziplin und Selbstverantwortung. Für sein Handeln und Tun musste er persönlich einstehen. Das konnte er nicht delegieren oder mit Argumenten, die außerhalb seiner Person lagen, entschuldigen. Verantwortlich war er nur sich selbst gegenüber und Gott. Und er lernte noch etwas, von dem er noch nicht ahnte, dass es für ihn einmal von überragender Bedeutung werden sollte: nämlich dass ein Eid nur dann

Philipp (5. v. l.) mit seinen Geschwistern in der Burg Heimerzheim.

bindend ist, wenn er auf beiden Seiten eingehalten wird. Wer selbst seinen Eid bricht, kann nicht erwarten, dass andere den Eid einhalten, den sie auf ihn geleistet haben. Im Gegensatz zu vielen seiner Kameraden hatte Philipp von Boeselager deshalb später weniger Gewissensnot damit, Hitler zu töten, auf den er vereidigt worden war. Denn Hitler hatte seinen Eid, Schaden vom deutschen Volk abzuwenden, vielmals gebrochen.

Auch die Skepsis gegenüber den Nationalsozialisten wurde den Schülern in Godesberg nach 1933 beigebracht, nicht offen sicherlich, aber in vielen versteckten Andeutungen. Trotz des Konkordats zwischen dem Vatikan und der NS-Regierung, das der katholischen Kirche ihre vollen Rechte sichern sollte, hegten die jesuitischen Lehrer berechtigte Zweifel an der Integrität des neuen Regimes. Während der »nationale Aufbruch« bei vielen Menschen die Sinne vernebelte und selbst bei den Schülern des Kollegs nicht seine Wirkung verfehlte, setzten die Lehrer immer wieder, wie es Philipp von Boeselager ausdrückt, »Fragezeichen«. Und sie sollten recht behalten. Denn für die Nationalsozialisten waren die katholischen Institutionen ein Dorn im Auge. Die NS-Regierung löste die katholischen Jugendverbände auf und agitierte mit Propagandalügen gegen Kleriker und Ordensleute. Selbst vor Sittlichkeitsprozessen mit höchst zweifelhaften Belastungszeugen schreckte sie nicht zurück.

Ins Visier gerieten auch der Religionsunterricht, die Bekenntnisschulen und höhere katholische Lehranstalten wie das Aloisius-Kolleg (das schließlich 1939 aufgelöst wurde).

Der Rektor, ein »gescheiter Mann«, wie ihn Philipp von Boeselager bezeichnet, versuchte, den staatlichen Einfluss so gering wie möglich zu halten. Er gründete internatsintern einen »Jungstahlhelm« für die älteren Schüler und ein »Jungvolk« für die unter Vierzehnjährigen. Georg von Boeselager übernahm die Führung des »Jungstahlhelms«, sein Bruder Philipp die des »Jungvolks« mit seinen »Pimpfen«. Das »Jungvolk« war eigentlich eine Organisation der Hitler-Jugend, aber durch den kolleginternen Charakter der Gruppe blieben die höheren HJ-Funktionäre jenseits des Internats zunächst außen vor. Das änderte sich 1935, als ein »Jungvolk«-Stammführer aus Godesberg Philipp von Boeselager aufforderte, aus der Marianischen Kongregation auszutreten, weil beides nicht miteinander vereinbar sei. Die Kongregation, die Kleriker und Laien vereinte, widmete sich besonders der Spiritualität und stellte den Dienst für Kirche und Welt in den Mittelpunkt. Das widersprach in der Tat den ideologischen Vorstellungen der Nationalsozialisten. Aber Philipp von Boeselager war nicht bereit, die Kongregation zu verlassen, die ihm mehr bedeutete als nur eine weitere kirchliche Bindung. Deshalb legte er sein Amt als »Jungvolk«-Führer nieder und begründete das damit, dass er sich als Unterprimaner bald auf das Abitur vorbereiten müsse und deshalb keine Zeit mehr

Das Aloisius-Kolleg heute.

für die Leitung der Gruppe haben würde. »Damit hatte ich eine herrliche Entschuldigung. Mit Heldentum hatte das nichts zu tun.«[18]

Spätestens zu diesem Zeitpunkt wird es Philipp von Boeselager bewusst geworden sein, dass es die Nationalsozialisten mit den Regelungen des Konkordats nicht ernst meinten. Und das ließ sich leicht auf andere Lebensbereiche übertragen. Den Nationalsozialisten und Adolf Hitler war nicht zu trauen. Sie schlossen und brachen Verträge, wie es ihnen beliebte. Die Jesuiten werden ein Übriges getan haben, um ihre Schüler dafür zu sensibilisieren. Denn bei allem nationalen Pathos, das im Kolleg verbreitet wurde, hielten die Lehrer Distanz zum Staat und zur Einheitspartei. Philipp von Boeselager betont nicht ohne Stolz, dass keiner aus seiner Klasse »ein überzeugter Nazi geworden«[19] sei.

Schon 1934 hatte ihn ein zwar unangenehmes, aber an sich harmloses Erlebnis mit der SS sehr irritiert. Beim Besuch Hitlers in Godesberg hatten ihn SS-Wachen festgenommen und zusammen mit einem Freund vierundzwanzig Stunden in einer Garage ohne Verpflegung und Toilette eingesperrt. Das habe seine »Liebe zu den Nazis natürlich nicht gesteigert«, betont er.[20]

Weitaus tragischer war, was im März 1937 passierte. Wilhelm Freiherr von Ketteler, ein Vetter Philipp von Boeselagers, wurde in Wien von der Gestapo höchstwahrscheinlich in einer Badewanne ertränkt und anschließend in die Donau geworfen. Ketteler, der gern nach

Heimerzheim kam und mit den beiden älteren Brüdern von Philipp befreundet war, gehörte zu den engsten Mitarbeitern des deutschen Sonderbotschafters in Wien und früheren Vizekanzlers unter Hitler, Franz von Papen. Als »jungkonservativer« Intellektueller hatte Ketteler die Weimarer Demokratie abgelehnt, war aber danach schon bald auf Distanz zu den Nationalsozialisten gegangen. Die Gestapo hatte mit ihm einen lästigen Gegner beseitigt und den Mord als Selbstmord getarnt. Eine genauere Untersuchung des Falls fand nicht statt, niemand wurde angeklagt oder verurteilt. Philipp von Boeselager, seine Geschwister und seine Eltern dürften die wahren Hintergründe der Tat geahnt haben. So gut kannten sie Wilhelm von Ketteler, dass sie eine Selbsttötung ausschließen konnten. Mit Erschrecken mussten sie nun in ihrem eigenen Verwandtenkreis erkennen, dass das nationalsozialistische Unrechtsregime auch vor brutaler Gewalt nicht zurückschreckte.

Philipp von Boeselager stand, als sich der Mord ereignete, in der Ausbildung als Kavallerieoffizier. Nach dem Abitur hatte er zunächst seinen Reichsarbeitsdienst (RAD) geleistet. Anfang April 1936 war er nach Merseburg transportiert worden, wo der RAD Dämme an der Schwarzen und Weißen Elster errichtete, um das umliegende Land vor Hochwasser zu schützen. Er konnte dieser Tätigkeit einen positiven Sinn abgewinnen, obwohl Unterkunft und Verpflegung außerordentlich primitiv waren. Ihm habe die körperliche Arbeit gut getan, sagt er heute, weil er eine etwas schwächliche Konstitution hatte. Der Dammbau sei nützlich gewesen, gestört hätten ihn nur die politischen Vorträge, die aber niemand ernst genommen habe. Schon allein deshalb, weil ihre Vorgesetzten überaus dumm gewesen seien.

Der Arbeitsdienst dauerte sechs Monate, danach konnte Philipp von Boeselager seine Militärzeit beginnen. In der Schule hatte er Arabisch gelernt, so war er zunächst daran interessiert, in den diplomatischen Dienst zu gehen. Aber es kam anders.

Georg Freiherr von Boeselager

»Nach dem Abitur fuhren wir, das war so üblich, zum Großvater, um ihm zu berichten, dass man Abitur hatte, und um mit ihm zu reden. Ich fuhr also zu ihm, und er fragte mich, was ich werden wollte. Und ich sagte, ich wollte Diplomat werden. Da antwortete er mir, ich werde das nie vergessen: ›Junge, als Diplomat kann man nicht immer alles sagen, bei den Nazis muss man lügen – und das kann man nun wirklich nicht. Werde Soldat, es gibt Krieg. Dann verstehst du was vom Geschäft.‹«[21]

Großvater Salis wurde von seinen Enkeln sehr geschätzt, weil er sie, schon als Kinder, wie Erwachsene behandelte und mit ihnen alles ernsthaft besprach. Die Entscheidung war somit getroffen. Philipp von Boeselager meldete sich zur Kavallerie, weil ihm das Reiten schon immer gefallen hatte und er hoffen konnte, bei dieser militärischen Einheit auf vernünftige und kluge Offiziere zu treffen. Außerdem hatte sein Vater während des Ersten Weltkriegs bei der schweren Reiterei gedient, und sein Bruder Georg war bereits 1934 bei der Kavallerie eingetreten.

Mit Georg verband ihn mehr als nur die Liebe oder der Respekt unter Brüdern. »Wir waren ein Gespann, ein Zwillingspaar. Wir waren wie Castor und Pollux«[22], beschreibt Philipp von Boeselager sein ungewöhnliches Verhältnis zu Georg. Schon als Kinder hatten sie viel gemeinsam unternommen und manchen Unsinn ausgeheckt. Und jetzt waren sie auch beim Militär wieder zusammen. Am 20. Oktober 1936 begann Philipp von Boeselager seine Ausbildung bei der 4. Schwadron des Kavallerieregiments 15 in Paderborn. Sein Bruder war Leutnant bei der 2. Schwadron.

»Junge, es gibt Krieg«

Im Versailler Vertrag war die deutsche Armee auf 100 000 Soldaten reduziert worden, gegliedert in einundzwanzig Infanterie-, sieben Artillerie- und achtzehn Reiterregimenter. Die große Zahl der Kavallerieeinheiten überrascht, denn eigentlich schien die Zeit der Pferde in den modernen, motorisierten Armeen vorbei zu sein. Aber gerade das war der Grund, warum die neue Reichswehr aufs Pferd setzen sollte. Denn die Siegermächte glaubten, »davon ausgehen zu können, dass eine unzeitgemäße, mit Lanzen ausgerüstete Reiterei keine große Bedrohung darstellen würde. Hinzu kamen die für die damalige Zeit relativ hohen Kosten, welche Beschaffung und Unterhalt der Kavalleriepferde erforderten. Diese finanziellen Mittel konnte Deutschland nicht für andere militärische Zwecke verwenden.«[23]

In der Tat waren die Reiter noch mit 3,20 Meter langen Lanzen ausgestattet, neben Gewehr und Mannschaftssäbel. Eine solche Truppe stellte keine ernsthafte Kriegsmacht dar. Erst 1927 wurden die Lanzen abgeschafft. Mit der Machtübernahme durch die Nationalsozialisten und dem damit verbundenen Austritt Deutschlands aus dem Völkerbund begann dann die Aufrüstung der Armee. Hitler fühlte sich nicht mehr an die Bestimmungen des Versailler Vertrags gebunden, er ließ 1935 die allgemeine Wehrpflicht einführen. Aus den sieben Wehrkreisen mit je einer Division wurden nach und nach siebzehn Wehrkreise mit je einem Armeekorps. Im Zuge dieser Neuordnung und Vergrößerung kam es auch zu einer Modernisierung und Verstärkung der Kavallerie, unter anderem mit Panzerspäh-, Pionierzügen und Radfahrerschwadronen. Die nunmehr dreizehn Kavallerieregimenter wurden zu Beginn des Zweiten Weltkriegs in zweiundfünfzig Reiterschwadronen geteilt und den Divisionen als Aufklärungsabteilungen zugeordnet. Lediglich in Ostpreußen gab es eine reine Kavalleriebrigade.

»Die Aufklärungsabteilungen sollten der Divisionsführung ermöglichen«, schreibt Heinz W. Doepgen, »schnell einen Überblick über die Situation beim Gegner zu erhalten. Die Ausbildung hatte zum Ziel, in Spähtrupps reiten, fahren und kämpfen zu können. Je nach Lage und Gelände konnten Teileinheiten variabel zusammengesetzt werden. Offiziere, Unteroffiziere und Soldaten mussten ein Feindbild möglichst schnell erkennen können, diese Information umgehend an die Divisionsführung weitergeben, geschickt mit allen geographischen Gegebenheiten des Geländes fertig werden und gegebenenfalls in vorsichtiger Abwägung der taktischen Lage durch Angriff, Verteidigung oder Absetzen den Gegner binden können. Zusammengefasst waren dies die höchsten Anforderungen, die überhaupt an Erdkampftruppen gestellt werden konnten.«[24]

Während des Zweiten Weltkriegs entwickelten sich die Aufklärungsabteilungen immer mehr zu zusätzlichen Infanteriebataillonen der Divisionen. Das entsprach aber nicht ihrer Ausbildung und ihren Fähigkeiten. Georg von Boeselager regte deshalb 1943 an, die Kavallerieeinheiten an der Ostfront in drei Regimentern zusammenzufassen. Das von ihm selbst geführte Reiterregiment 31 sollte dann zum militärischen Rückgrat des Staatsstreichs werden.

Im Zweiten Weltkrieg hatten Pferde eine viel größere Bedeutung, als gewöhnlich angenommen wird. Nach seriösen Schätzungen sollen allein auf deutscher Seite 2,8 Millionen Tiere eingesetzt worden sein. Sie dienten dem Transport von Menschen und Material, sie zogen

Von Strygalowo nach Dolsk, auf unwegsamem Gebiet.

schwere Waffen und verfolgten mit ihren Reitern die Rochaden der gegnerischen Truppen. »Das Pferd war kein Kampfmittel mehr wie im Ersten Weltkrieg«, sagt Philipp von Boeselager, »sondern ein Fortbewegungsmittel, leise und geländeunabhängig. In Frankreich waren das Fahrrad und das Auto dem Pferd weit überlegen. In Russland war es vom ersten Tag an umgekehrt. Die Radfahrer konnten überhaupt nichts machen mit ihren Fahrrädern, und die Motorisierten blieben oft hängen, weil der Sand zu tief oder der Sumpf so groß war, dass sie nicht durchkamen. Da waren die Pferde viel besser. Und von daher waren wir, als die Kavallerieregimenter wieder aufgestellt wurden, die berittenen Infanteristen, die zu jeder Jahreszeit, ob Sumpf, ob Schnee, ob Kälte, völlig unabhängig vom Gelände eingesetzt werden konnten.«[25]

Parade der Kavallerie zu Ehren Mussolinis am 29. September 1938 in Berlin, Philipp von Boeselager in der rechten Mitte des 1. Gliedes.

Davon hatte Philipp von Boeselager noch keine Vorstellung, als er im Herbst 1936 die harte Ausbildung zum Kavalleristen begann. Er war durch seine Erziehung naturverbunden, er liebte Pferde, er ritt gern, und er erinnerte sich immer wieder an die Worte seines Großvaters: »Werde Soldat, es gibt Krieg«. Und darauf wollte er möglichst gut vorbereitet sein. Er durcheilte die einzelnen Stationen seiner Offiziersausbildung: Fahnenjunker, Gefreiter, Fahnenjunker-Unteroffizier, Fähnrich, Oberfähnrich und schließlich Leutnant. Nur knapp zwei Jahre hatte er dafür gebraucht. In dieser Zeit war innenpolitisch einiges geschehen, was er nur am Rand oder gar nicht wahrnahm.

Im November 1937 hatte Hitler seine Expansionspläne vor dem Kriegsminister, den Oberbefehlshabern der drei Waffengattungen und dem Minister des Auswärtigen, Joachim von Ribbentrop, konkretisiert. Hitler wollte zunächst Österreich und die Tschechoslowakei besetzen. Mit dem Eingreifen Frankreichs und Englands rechnete er ebenso wenig wie mit nennenswerter Gegenwehr der angegriffenen Staaten.

Kriegsminister Werner von Blomberg und der Oberbefehlshaber des Heeres, Generaloberst Werner von Fritsch, beides überzeugte Nationalsozialisten, rieten Hitler energisch von einem bewaffneten Konflikt mit der Tschechoslowakei ab. Die deutschen Kräfte würden für einen Sieg nicht ausreichen. Außerdem schätzten sie das Verhalten Englands und Frankreichs anders ein. Hitler wollte die Einwände nicht hören und ließ keine Diskussion zu.

Schon wenig später, im Februar 1938, mussten beide ihre Posten räumen. Blomberg hatte eine Frau mit zweifelhafter Vergangenheit geheiratet und sah sich, nachdem das Vorleben seiner Ehefrau bekannt geworden war, zum Rücktritt gezwungen. Fritsch wurde vorgeworfen, in homosexuellen Kreisen verkehrt zu haben und erpresst worden zu sein. Noch während die Untersuchung lief, reichte er seinen Abschied ein. Später wurde er zwar rehabilitiert, aber Hitler hatte unterdessen die Gunst der Stunde genutzt und sich selbst zum Oberbefehlshaber der Wehrmacht ernannt, vielleicht auch, um Hermann Göring und Heinrich Himmler zuvorzukommen. Nachfolger Fritschs wurde ein treuer Gefolgsmann Hitlers, Walther von Brauchitsch.

Es ist schwer zu sagen, wer alles in dieser unappetitlichen Affäre die Fäden zog und sich mehr Einfluss auf die Streitkräfte erhoffte. Insgesamt wirkte die Krise aber, so der Publizist Karl-Heinz Janssen, »als ›Gleichschaltung‹ des bis dahin noch eigenständigen Militärs«.[26] Dagegen regte sich Widerstand bei Offizieren und bürgerlichen Oppositionellen. Mit einigen von ihnen hat Philipp von Boeselager später zusammengearbeitet, als er zum Kreis um Henning von Tresckow gehörte.

1938 formierten sich »etliche Widerstandgruppen in der Mitte und auf der Rechten des politischen Spektrums«, schreibt der Historiker Hermann Graml, »etwa um Admiral Wilhelm Canaris, den Chef der Abwehr, und Oberst Hans Oster, den Leiter der Zentralabteilung der Abwehr; um den 1933 noch zu den Anhängern Hitlers gehörenden,

Walther von Brauchitsch und Adolf Hitler in Warschau 1939.

1938 jedoch völlig desillusionierten preußischen Traditionalisten Fritz-Dietlof Graf von der Schulenburg, der, als ungewöhnliche administrative Begabung, bis 1939 zum Regierungspräsidenten in Schlesien aufgestiegen war; um den ehemaligen Leipziger Oberbürgermeister Carl Friedrich Goerdeler und den 1938 entlassenen Botschafter Ulrich von Hassell; um den Chef des Generalstabs, Ludwig Beck«[27], der im Sommer 1938 aus Protest gegen Hitlers Politik zurücktrat.

Sein Nachfolger wurde Generaloberst Franz Halder, der zu den entschiedenen Gegnern Hitlers zählte. Er war bereit, mit fast allen Mitteln einen bevorstehenden Krieg um die Tschechoslowakei zu verhindern. Dazu gehörte für ihn auch der Staatsstreich, allerdings nicht die Ermordung Hitlers.

Als sich der Konflikt um das Sudetengebiet zuspitzte und Hitler nur noch darauf wartete, in die Tschechoslowakei einmarschieren zu können, bereitete sich die militärische Opposition um Halder und den Kommandeur des Wehrkreises Berlin, General Erwin von Witzleben, auf einen Staatsstreich vor. In Verkennung der wirklichen Lage wurden sogar Gesandte nach England geschickt, um die Unterstützung der britischen Regierung für einen Umsturz zu gewinnen. England sollte hart gegen Hitler bleiben und sich nicht einschüchtern lassen. Aber die Briten hielten sich mit Zusagen zurück. Sie verfolgten ganz andere Interessen. Englands Premierminister Neville Chamberlain suchte den Ausgleich mit Deutschland und verhandelte in den letzten Septembertagen des Jahres 1938 mit Hitler, erst in Berchtesgaden, dann in Bad Godesberg. Ohne Erfolg. Währenddessen liefen in Berlin die Vorbereitungen für den Umsturz auf Hochtouren.

Ein Stoßtrupp um den ehemaligen Freikorpskämpfer Friedrich-Wilhelm Heinz sollte in die Reichskanzlei eindringen und Hitler festnehmen. Die Truppen General von Witzlebens und seiner Helfer würden anschließend alle wichtigen Dienststellen besetzen und den Umsturz über Rundfunk bekanntgeben. Da die meisten Deutschen keinen neuen Krieg wollten, glaubten die Verschwörer fest an den Erfolg ihres Unternehmens. Hitler wollten sie vor Gericht stellen und damit auch die Verbrechen des Regimes öffentlich machen.

Heinz dachte allerdings nicht daran, Hitler lebend festzunehmen. Der Haudegen, dessen Sympathien mehr den Hohenzollern galten als der Weimarer Demokratie, fürchtete, dass ein Hitler vor Gericht den Spieß umdrehen und damit die Bevölkerung gegen die neue Regierung mobilisieren könnte. Er wollte deshalb bei der Festnahme ein Handgemenge provozieren und dabei den Diktator erschießen.

Die Frist für einen Vertrag zwischen England, Frankreich und der Tschechoslowakei lief am 28. September 1938 ab. Danach wollten die Verschwörer zuschlagen. Aber dazu kam es nicht mehr.

Überraschend für alle Beteiligten unterzeichnete Hitler das Münchener Abkommen. Die Tschechoslowakei trat das Sudetenland ab, dafür versprach Hitler Frieden. Neville Chamberlain und sein französischer Kollege Édouard Daladier glaubten daran und reichten Hitler die Hand. Das war der Beginn der später so kläglich gescheiterten Appeasement-Politik.

Die Verschwörung brach in sich zusammen, noch ehe sie richtig begonnen hatte. Zu dem Jubel in Deutschland passte kein Attentat. Trotzdem gab die militärische Opposition nicht auf. Denn sie wusste, was Hitler wirklich im Schilde führte und dass alle Friedensbeteuerungen von ihm nicht das Papier wert waren, auf dem sie standen. Es war nur eine Frage der Zeit, bis der Krieg wieder vor der Tür stehen würde.

Ein weiteres wichtiges Ereignis, das die ganze unmenschliche Härte des nationalsozialistischen Unrechtsregimes offenbarte, war die Pogromnacht vom 9. auf den 10. November 1938. Philipp von Boeselager hat sie nicht persönlich miterlebt, aber ihre Folgen am nächsten Tag in Paderborn sehen können.[28] »Wir glaubten damals«, erinnert er sich, »nach der ›Kristallnacht‹ würde die höhere Generalität sicherlich einschreiten. Es war einfach undenkbar, dass Unrecht in Deutschland geschah, ohne dass eingeschritten würde. Es war für uns auch sicher, dass die Staatsanwaltschaft von sich aus einschreiten würde. Aber außer Vertröstungen durch unseren Kommandeur geschah nichts.«[29]

An aktiven Widerstand dachte Philipp von Boeselager zu diesem Zeitpunkt noch nicht. Aber alles, was er bis dahin gelernt hatte, bereitete ihn darauf vor. Auch ein Lehrgang beim Pionierbataillon 6 in Höxter im Sommer 1939. Dort erwarb er seine Kenntnisse im Umgang mit Sprengstoffen, die später sehr wichtig werden sollten. Ohne diesen Lehrgang hätte er in der Heeresgruppe Mitte keine ähnlichen Versuche unternehmen dürfen, und er wäre so nie in den Besitz des englischen Sprengstoffs gelangt, mit dem Hitler getötet werden sollte.

Das Wort eines Offiziers

Am Abend des 31. August 1939 ließ Hitler von sechs als Zivilisten verkleideten SS-Männern den Sender Gleiwitz in Oberschlesien stürmen. Es sollte ein Überfall von polnischen Aufständischen vorgetäuscht werden. Obwohl das getarnte Kommandounternehmen selbst in Gleiwitz (heute: Gliwice) kaum bemerkt wurde, diente es Hitler als Vorwand, um den Krieg gegen Polen und damit den Zweiten Weltkrieg zu beginnen. Vor dem Reichstag erklärte er am folgenden Tag:

»Polen hat heute Nacht zum ersten Mal auf unserem eigenen Territorium auch mit bereits regulären Soldaten geschossen. Seit 5.45 Uhr wird jetzt zurückgeschossen! Und von jetzt ab wird Bombe mit Bombe vergolten! Wer mit Gift kämpft, wird mit Giftgas bekämpft. Wer selbst sich von den Regeln einer humanen Kriegsführung entfernt, kann von uns nichts anderes erwarten, als dass wir den gleichen Schritt tun. Ich werde diesen Kampf, ganz gleich, gegen wen, so lange führen, bis die Sicherheit des Reiches und bis seine Rechte gewährleistet sind.

Ich habe nun über sechs Jahre am Aufbau der deutschen Wehrmacht gearbeitet. Es sind in dieser Zeit über 90 Milliarden für den Aufbau dieser Wehrmacht angewendet worden. Sie ist heute die bestausgerüstete, und sie steht weit über jedem Vergleich mit der des Jahres 1914. Mein Vertrauen auf sie ist unerschütterlich.

Wenn ich diese Wehrmacht aufrief, und wenn ich nun vom deutschen Volk Opfer und, wenn notwendig, alle Opfer fordere, dann habe ich ein Recht dazu. Denn ich bin auch selbst heute genauso bereit, wie ich es früher war, jedes persönliche Opfer zu bringen. Ich verlange von keinem deutschen Mann etwas anderes, als was ich selber über vier Jahre freiwillig bereit war, jederzeit zu tun. Es soll keine Entbehrung in Deutschland geben, die ich nicht selber sofort übernehme. Mein ganzes Leben gehört von jetzt ab erst recht meinem Volk. Ich will nichts anderes jetzt sein als der erste Soldat des Deutschen Reiches.«[30]

In dieser Rede, die oft nur sehr verkürzt wiedergegeben wird, wollte Hitler den Eindruck erwecken, es gehe in diesem Krieg nur darum, die ständigen Grenzscharmützel auf militärischem Weg zu regeln. Auf keinen Fall wolle er Frankreich angreifen. Er wusste natürlich genau, dass Frankreich und Großbritannien der Besetzung Polens nicht tatenlos zusehen würden. Der Appell an die Wehrmacht und an alle

Verladen der Schwadron am 1. September 1939.

Deutschen zielte also weniger auf den Polenfeldzug als auf den zu erwartenden großen Krieg.

Nach der Auflösung der Reiterregimenter in Schwadronen zu Beginn des Krieges mit Polen gehörte Philipp von Boeselager zur Aufklärungsabteilung 186 der 86. Infanteriedivision. Er war seit Sommer 1939 am »Westwall« eingesetzt, also der befestigten Grenze zu Frankreich, wie auch seine beiden Brüder Georg und Tonio (als Reserveoffizier). Als Leutnant führte er die 1. Schwadron, die sich im Gebiet um Saarburg und Perl aufhielt. Außer kleinen, vorsichtigen Vorstößen der französischen Truppen, die schnell zurückgeschlagen wurden, passierte wenig. Philipp von Boeselager verschweigt nicht, dass er damals den Angriff auf Polen für gerechtfertigt hielt.

Für die Menschen in Deutschland war es so gut wie unmöglich, sich ein einigermaßen verlässliches Bild von der wirklichen Lage zu machen. Die Zeitungen und die Radiosender durften nur das veröffentlichen, was vom Propagandaministerium freigegeben worden war. Und mit dem Beginn des Krieges wurde das Abhören ausländischer Sender sogar unter Strafe gestellt. Ein Offizier wie Philipp von Boeselager musste, selbst wenn er den Nationalsozialisten gegenüber kritisch eingestellt war, von einer polnischen Provokation ausgehen. Und er konnte hoffen, dass sich der Krieg, der in Polen schon Anfang Oktober beendet wurde, nicht in den Westen ausdehnte. Und tatsächlich blieb es an der Grenze zu Frankreich zunächst relativ ruhig. Allerdings wurde seine Einheit dann auf einen Truppenübungsplatz bei Neuenhammer in der Oberpfalz verlegt, um, wie er sagt, das »Bunkerknacken« zu lernen. Allen war plötzlich klar, dass sie demnächst an der Maginot-Linie eingesetzt werden würden, der stark befestigten französischen Grenze zu Deutschland. Und das deutete auf Krieg im Westen hin. Der Feldzug begann aber nicht mit einem Angriff auf Frankreich, sondern am 10. Mai 1940 mit dem Überfall auf die neutralen Niederlande und dem Weitermarsch durch Belgien und Luxemburg.

Philipp von Boeselager traf erst relativ spät an der Westfront ein. Seine Einheit, die 86. Division, hatte noch in der Oberpfalz geübt und marschierte nun über Verdun in Richtung Schweizer Grenze. Er war Adjutant der Vorausabteilung, die aus der Aufklärungsabteilung und einigen motorisierten Einheiten bestand. Am 17. Juni 1940 hatte die Abteilung den Ort Aillianville im Departement Haute Marne eingenommen und bereitete nun den Angriff auf das nahe gelegene Prez-sous-Lafauche vor. Da der Abteilungskommandeur abwesend war, leitete Philipp von Boeselager die Einheit, die Unterstützung durch Artillerie erhalten hatte. Im Lauf des Tages traf der 1. Generalstabsoffizier der Division, Major Rudolf-Christoph Freiherr von Gersdorff, bei der Vorausabteilung ein, um sich die Lage erklären zu lassen. Der aus einer schlesischen Offiziersfamilie stammende Gersdorff war zwölf Jahre älter als Philipp von Boeselager. Er hatte ebenfalls eine Ausbildung als Kavallerist hinter sich. Beide verstanden sich schon von daher gut und sollten sich später bei der Heeresgruppe Mitte im Widerstandskreis um Tresckow wieder treffen.

Was an diesem Tag vor Prez passierte, ist von beiden in ihren Erinnerungen überliefert worden. In Details weichen die Schilderungen voneinander ab, aber insgesamt ergibt sich ein sehr ähnliches Bild. Philipp von Boeselager berichtet, der Batteriechef der ihn unterstützenden Artillerie, Hauptmann Auer, sei zu ihm gekommen, um ihm mitzuteilen, dass der französische Ministerpräsident Henri Philippe Pétain Verhandlungen über einen Waffenstillstand angeboten habe. Die Meldung sei über den Rundfunk verkündet worden, und er habe sie in seinem Autoradio gehört. (Gersdorff will sie selbst in seinem Wagen vernommen haben.) Damit war ein Angriff auf Prez, bei dem mit größeren Verlusten gerechnet werden musste, unnötig und verantwortungslos. Gersdorff befahl, das Feuer sofort einzustellen. Er entschied, selbst »als Parlamentär zu den Franzosen zu fahren, um angesichts der jüngsten Nachrichten die Einstellung aller Kampfhandlungen zu erwirken. In al-

Philipp von Boeselager und Rudolf-Christoph Freiherr von Gersdorff als Parlamentäre bei Prez-sous-Lafauche.

ler Eile wurde über die Kühlerhaube meines Wagens ein Bettlaken gebreitet und an einem Besenstiel ein weißes französisches Nachthemd befestigt. Dann meldete sich sogar noch ein Soldat, der als ehemaliger Forstmann Signale blasen konnte mit einem alten französischen Horn. Boeselager schloss sich mir an und nahm in seiner jugendlichen Begeisterung einige Flaschen Champagner mit, um mit den Franzosen den Waffenstillstand feiern zu können. Außerdem ließ ich noch einen in Gefangenschaft geratenen französischen Offizier mitfahren, der als Dolmetscher dienen sollte und sich für die Ehrlichkeit unseres Angebots einzusetzen versprach. Da wir jeden Augenblick mit auf der Straße verlegten Minen rechnen mussten, fuhren wir mit äußerster Vorsicht in Richtung französischer Front. Zunächst kamen wir in ein stark zerschossenes Dorf, das die Franzosen schon geräumt hatten. Aus den Kellern krochen Zivilisten hervor, die in Tränen ausbrachen, als wir ihnen das bevorstehende Ende des Krieges mitteilten. Vorsichtig fuhren wir weiter. Der Trompeter blies aus Leibeskräften alle Jagdsignale, die er kannte: Hirsch tot, Fuchs tot, Jagd vorbei, Fürstengruß und so fort. Plötzlich waren wir von Franzosen umringt. Ich forderte sie auf, den höchsten Offizier, den sie erreichen könnten, herzubitten.«[31] Das taten sie auch, aber die Verhandlungen mit dem französischen Offizier gestalteten sich schwierig, da er noch nichts von dem Angebot seines Ministerpräsidenten gehört hatte und nicht bereit war zu kapitulieren. Im Gegenteil: Er hatte, wie Philipp von Boeselager sich erinnert, von seinem Kommandeur den Befehl erhalten, Prez bis 19 Uhr zu verteidigen. Das waren noch zwei Stunden. »Wir einigten uns dann darauf, dass er um 19 Uhr den Ort verlassen und wir ihn um 19.05 Uhr besetzen sollten. Dann fuhren wir wieder zurück.«[32]

Gersdorff gab Philipp von Boeselager den Auftrag, strikt auf die Einhaltung der Vereinbarung zu achten. Danach fuhr er zu seinem Divisionskommandeur, um ihm von den Verhandlungen zu berichten. Nur kurze Zeit später erschien der Kommandeur des vordersten Infanterieregiments der Division bei der Vorausabteilung. Philipp von Boeselager klärte ihn über die Vereinbarung mit dem französischen Offizier auf. Aber das störte den Oberst wenig. »Er sagte mir: ›Ich werde das Dorf angreifen. Was interessiert mich, was ihr da ausgemacht habt. Sie sind ja schließlich nur Leutnant.‹ Ich antwortete: ›Es ist vereinbart, dass wir erst um 19.05 Uhr kommen. Um 19 Uhr rückt der Franzose ab. Und da ist nichts daran zu deuteln. Ich stehe dafür.‹« Aber der Oberst ließ sich nicht überzeugen und wollte den Ort trotzdem angreifen. »Als er gerade anfing, seinen Befehl zu geben, habe ich die Pistole gezogen und gesagt: ›Herr Oberst, Sie geben den Befehl nicht.‹ Und es war ihm klar, dass ich schießen würde.«[33] Der Oberst brach die Angriffvorbereitungen sofort ab.

Befehlsübergabe beim französischen Bains-les-Bains.

Philipp von Boeselager hatte sein Wort gegeben, und er hielt sich daran. Auch später würde man damit rechnen können. Für den noch nicht einmal dreiundzwanzigjährigen Leutnant hatte die Pistolenattacke keine disziplinarischen Folgen. Aber die spektakuläre Aktion sprach sich schnell herum, und er hatte plötzlich einen Spitznamen: »die Pistole«. Die mutige Tat, die Menschenleben rettete und einen Ort vor der Vernichtung bewahrte, dürfte ein Grund dafür gewesen sein, dass er später so schnell in den Widerstandskreis um Tresckow aufgenommen wurde, zu dem auch Gersdorff gehörte.

Philipp von Boeselager bei einer Feier im französischen Lignières.

Die Monate nach dem Waffenstillstand verbrachte Philipp von Boeselager in relativer Ruhe in Frankreich. Neben dem Dienst in der Truppe widmete er sich seinen Pferden und ging auf die Jagd. Er hatte Gelegenheit, »so viele Fasane zu schießen, wie das in seinem ganzen Leben später nicht mehr möglich war«, schreibt sein Biograf Antonius John. »Und bei seinen Fahrten durch das Land kam ihm zum ersten Mal der Gedanke, dass Deutschland und Frankreich in der Geschichte des Abendlandes eigentlich immer hätten zusammengehören müssen und in Zukunft erst recht zusammengehörten. Und so fragte er sich, weshalb man gerade gegen dieses Land, das doch so viel Verwandtschaftliches besaß, das aus der gleichen fränkisch-christlichen Wurzel entstanden und von ihr geprägt war, so viele Kriege geführt hatte.«[34]

Noch in Frankreich erfuhr er durch Soldaten, die aus Ostpreußen zurückgekehrt waren, von Übergriffen der SS auf die Zivilbevölkerung während des Polenfeldzugs. Niemand hatte etwas dagegen unternommen. »Es war für mich und für uns alle undenkbar, dass der Staat planmäßig Unrecht tat. Und wir bekamen Zweifel.«[35] Aber der Weg in den Widerstand war noch weit.

Die militärische Opposition in den Wehrmachtsstäben hatte nach ihrem Scheitern während der Sudetenkrise und nach den Blitzsiegen ihre Attentatspläne zwar nicht aufgegeben, aber nur wenige verfolgten sie noch mit Nachdruck. Es waren zunächst zwei einzelne Attentäter, die ihr Leben einsetzten, um Deutschland von der Diktatur zu befreien: Maurice Bavaud und Georg Elser. Ob es wirklich genügt hätte, Hitler umzubringen, um einen Umsturz herbeizuführen, war für sie nicht so wichtig wie die Tat selbst. Sie wollten ein Zeichen setzen und hofften auf die Vernunft der Deutschen.

Der zweiundzwanzigjährige Student Maurice Bavaud stammte aus Neuchâtel und verfolgte mit bemerkenswerter Konsequenz seinen Plan, Hitler mit seiner Pistole zu ermorden. Als es ihm am 9. November 1938, bei der Trauerfeier für die Toten der nationalsozialistischen »Bewegung«, trotz akribischer Vorbereitung nicht gelang, versuchte er, mit einem gefälschten Empfehlungsschreiben in die Nähe Hitlers zu gelangen. Dabei machte er sich verdächtig und wurde schließlich verhaftet, als er in die Schweiz flüchten wollte. Weil er weder die Briefe noch seine Pistole weggeworfen hatte, war es leicht, ihn zu überführen. Er wurde zum Tod verurteilt und am 14. Mai 1941 in Berlin-Plötzensee mit dem Fallbeil hingerichtet.

Kurz danach, am 3. Juni 1941, ließ Hitler alle Aufführungen von Schillers *Wilhelm Tell* verbieten. Auch die Lektüre in der Schule wurde nicht mehr gestattet.

Bis zur Festnahme Bavauds hatte die Bevölkerung in Deutschland nichts von möglichen Anschlägen auf Hitler erfahren. Die »gleichgeschaltete« Presse und der Rundfunk mussten sich an die von Goebbels herausgegebenen Richtlinien halten. Die sahen eigene Recherchen von Journalisten nicht vor. In der Öffentlichkeit sollte es bei dem Bild bleiben, dass der »Führer« von allen Deutschen uneingeschränkt geliebt würde. Erst die Explosion im Münchener Bürgerbräukeller machte deutlich, dass es nicht so war.

Während die deutschen Truppen Polen überrollten, bereitete der sechsunddreißigjährige Johann Georg Elser sein Sprengstoffattentat auf Hitler vor, das er für den Abend des 8. November 1939 geplant hatte. Der Schreiner und Angestellte einer Uhrenfabrik aus Königsbronn bei Heidenheim hasste Hitler und den Nationalsozialismus aus vollem Herzen. Er wollte nicht tatenlos zusehen, wie Deutschland zugrunde gerichtet wurde und in einen Weltkrieg steuerte. Über ein Jahr dauerten seine Vorbereitungen. Er konstruierte eine komplizierte Höllenmaschine, die mit der Präzision eines Uhrwerks arbeitete. Mehrfach inspizierte er den Ort seines Anschlags, den Münchener Bürgerbräukeller. In einer Säule neben der Rednertribüne wollte er den Sprengstoff und seinen Zündmechanismus deponieren. Den Sprengstoff hatte er heimlich in einem Steinbruch abgezweigt, wo er seit April 1939 arbeitete.

Seit Anfang August lebte Elser in München, besuchte regelmäßig den Bürgerbräukeller und versteckte sich, wenn das Lokal schloss, in einer Abstellkammer. Nachts bereitete er beim Schein seiner Taschenlampe das Versteck für die Bombe vor. Dreißig- bis fünfunddreißigmal ließ er sich zwischen August und November 1939 einschließen. Dann war der Sprengsatz unauffällig deponiert. Hitlers traditionelle Gedenkrede vor den Veteranen der NSDAP würde aller Erfahrung nach wieder etwa eineinhalb Stunden dauern und gegen 22 Uhr zu Ende sein. Um ganz sicherzugehen, hatte Elser den Zeitzünder auf 21.20 Uhr eingestellt. Ort und Zeit für das Attentat waren geschickt gewählt. Der 9. November galt der Erinnerung an den missglückten Putsch im Jahr 1923. Die Feier in München war das jährlich wiederkehrende zentrale Ereignis der nationalsozialistischen Traditionspflege. Ein Attentat an diesem Tag traf nicht nur Hitler, sondern die ganze NSDAP. Außerdem würde die Veranstaltung im Radio übertragen werden. Alle Deutschen hätten so live miterleben können, wie Hitler durch eine Bombe beseitigt würde. Welche Wirkung das gehabt hätte, lässt sich nur schwer ausmalen.

Heinrich Himmler (Mitte) bei einer Besprechung des bisherigen Ermittlungsergebnis über den Bombenanschlag im Bürgerbräukeller. 2. v. l. SS-Oberführer Arthur Nebe, der später zu Tresckows einziger Verbindung in den Führungszirkel der SS wurde.

Dass es nicht so kam, war, wie so oft bei Attentaten gegen Hitler, dem Zufall geschuldet. Der Diktator bereitete den Krieg im Westen vor und musste dringend nach Berlin zurück. Er begann deshalb nicht, wie sonst üblich, um 20.30 Uhr mit seiner Rede, sondern schon kurz nach acht. Und er sprach auch nicht eineinhalb Stunden, sondern nur eine. Um 21.07 Uhr war er bereits fertig und verließ eilends den Saal. Als die Bombe pünktlich dreizehn Minuten später explodierte, hatte Hitler seinen Sonderzug schon erreicht. In den Trümmern des Bürgerbräukellers starben acht Menschen, mehr als sechzig wurden schwer verletzt. Hitler hätte die gewaltige Detonation mit Sicherheit nicht überlebt.

Georg Elser wurde gefasst, aber nicht vor Gericht gestellt. Zunächst wurde er in der Berliner Gestapo-Zentrale gefangen gehalten. 1941 kam er als »Sonderhäftling Hitlers« ins KZ Sachsenhausen, später wurde er nach Dachau überstellt. Auf Weisung »von höchster Stelle« ermordeten ihn SS-Leute am 9. April 1945, also nur wenige Tage vor Kriegsende.

Elser war nicht direkt nach seinem Anschlag hingerichtet worden, weil man ihn – nach dem siegreich beendeten Krieg – noch als Kronzeugen benutzen wollte. Himmler suchte nach möglichen Hintermännern, die er und Hitler beim britischen Geheimdienst vermuteten, und Elser sollte sie ihnen nennen. Der Verdacht war berechtigt. Ein Netzwerk von Verschwörern existierte tatsächlich. Es hatte aber nichts mit dem britischen Geheimdienst zu tun, auch Elser gehörte ihm nicht an. Hitlers Gegner saßen, immer noch unerkannt, in der Wehrmachtsführung und bei Admiral Canaris im Amt Ausland/Abwehr.

Nach dem September 1938, als das Münchener Abkommen die Putschpläne in letzter Sekunde vereitelt hatte, waren die Offiziere zunächst wieder zu ihrem Tagesgeschäft übergegangen. Sie taten das, was von ihnen erwartet wurde. Als Soldaten beteiligten sie sich an der Zerschlagung der Tschechoslowakei und an der Eroberung Polens. Erst als Hitler den Angriff im Westen verlangte und dabei die Neutralität der Benelux-Staaten verletzen wollte, wurden ihre Putschpläne erneut hervorgeholt. Aber von der Entschlossenheit, die die Verschwörer während der Sudetenkrise geeint hatte, war nur noch wenig zu spüren. Hitler verstand es mehr als einmal, die Wehrmachtsführung einzuschüchtern. Zudem waren nach dem Bürgerbräuattentat die Sicherheitsmaßnahmen wesentlich verschärft worden. Sprengstoff war so gut wie nicht mehr zu beschaffen, ohne sich verdächtig zu machen. Erich Kordt, der Leiter des Ministerbüros im Auswärtigen Amt, wäre bereit gewesen, sich mit Hitler zusammen in die Luft zu sprengen oder den verhassten Diktator mit der Pistole zu erschießen. Aber die Gelegenheit dazu gab es nicht mehr. Hitler wurde nun systematisch abgeschirmt. Vielleicht fehlte den Verschwörern auch das letzte Quäntchen Mut.

Und dann gab es noch den Zufall, den Hitler gern als »Vorsehung« bezeichnete. Aber so zufällig war vieles gar nicht; es wirkte nur so. Selbstverständlich achteten die NS-Sicherheitsexperten darauf, es Attentätern nicht zu leicht zu machen. Reisepläne wurden geheim gehalten, Routen ständig geändert und Zeitpläne umgeschrieben. Hitler selbst reagierte oft spontan und machte damit längerfristig vorbereitete Aktionen gegen ihn fast unmöglich.

So musste auch der unterdessen zum Generalfeldmarschall ernannte und nach Frankreich abkommandierte Erwin von Witzleben seine Attentatspläne kurzfristig aufgeben. Der Befehlshaber der Heeresgruppe D wollte Hitler bei der Siegesparade in Paris erschießen lassen. Drei Offiziere aus seinem Stab wären dazu bereit gewesen. Aber es kam auch hier anders. Will Berthold, der Chronist der Attentate auf Hitler, schreibt: »Am 28. Juni 1940 um fünf Uhr morgens landete Hitler – erst im letzten Moment angemeldet – auf dem Flughafen Le Bourget, stieg sofort in einen gepanzerten Mercedes-Wagen und fegte mit seiner Kolonne durch das noch schlafende Paris. Er fuhr durch den Arc de Triomphe die Champs-Élysées hinunter, besichtigte kurz die Oper, den Louvre und den Eiffelturm, ließ sich dann zum Invalidendom bringen, wo er am Grab Napoleons für die Kamera posierte. Drei Stunden später war er schon wieder in Le Bourget und flog in sein Hauptquartier ›Tannenberg‹ bei Freudenstadt zurück. Viel schlimmer war, dass er sich während des Blitzbesuchs entschlossen hatte, die Siegesparade in Paris ausfallen zu lassen.«[36]

Wehrmachtssoldaten vor dem Arc de Triomphe in Paris.

Der Pariser Louvre, aufgenommen 1940 von Philipp von Boeselager.

Am 6. Juli 1940 ließ er sich dann von begeisterten Menschen in Berlin empfangen, die den Sieg der deutschen Truppen über Frankreich feierten.

Hitler hatte den Höhepunkt seiner Macht erreicht. Das Volk jubelte ihm zu, und viele Offiziere, die vor dem Krieg im Westen gewarnt hatten, ließen sich von der Siegeslaune anstecken – zumal sich ein militärischer Erfolg an den anderen reihte. Selbst der harte Kern der Verschwörer hielt es in dieser Situation für aussichtslos, ein Attentat zu versuchen. Mit Sympathien in der Bevölkerung konnte die militärische Opposition nicht rechnen, solange deutsche Truppen einen großen Teil des europäischen Kontinents besetzt hielten.

Ordonnanzoffizier bei der Heeresgruppe Mitte

Am 18. Juni 1941, fast genau ein Jahr nach der spektakulären Aktion vor Prez, erhielt die 86. Infanteriedivision den Marschbefehl nach Osten. Nur vier Tage später begann der Überfall auf die Sowjetunion. Philipp von Boeselager führte jetzt die 1. Schwadron mit zweihundert Soldaten, die zur Aufklärung weit vor der Division ritt. Über Ostpreußen ging es zunächst in Richtung Düna (Daugava) und Dünaburg (Daugavpils). Die 86. Infanteriedivision, bilanziert Antonius John, »machte die Schlacht bei Smolensk mit, erstürmte Polozk. Es schlossen sich dann die Kämpfe bei Nevel und Welikije-Luki an. Von nun an zeigte sich der Russlandkrieg, wie er wirklich war – als eine einzige Folge schrecklicher Schlachten, Toter, Verwundeter, menschlichen Leids. Es folgten die großen Doppelschlachten von Wjasma und Brjansk, dann der Vorstoß auf Moskau Ende Oktober. In dem furchtbaren, kalten Winter mit seinen eisigen Schneestürmen stand die Division in der Abwehrschlacht bei Moskau und den Abwehrkämpfen von Kalini.«[37]

Philipp von Boeselager erinnert sich mit großer Bitterkeit an diese Monate. Er ist fest davon überzeugt, dass die sowjetischen Soldaten gar nicht kämpfen wollten. »Wir haben oft Tausende von Gefangenen gemacht, die von Spähtrupps, also einer Gruppe von fünfzehn bis zwanzig Reitern, zurückgebracht wurden. Ich erinnere mich noch gut an den Leutnant von Nagel, der wie ein Schäfer mit einer Gruppe von über zweitausend Gefangenen zurückkam, eine Sache, die völlig anormal war. Denn diese zweitausend Russen waren alle bewaffnet gewesen, und der Spähtrupp bestand aus sechzehn Mann. Wenn die gewollt hätten, hätten sie natürlich diesen Spähtrupp zusammenschießen können.«[38]

Für Philipp von Boeselager liegen die Gründe für dieses Verhalten auf der Hand. »Bei jeder Familie in Russland gab es einen, der von Stalin oder Lenin umgebracht worden war. Die hassten die Kommunisten eigentlich. Und erhofften sich von den Deutschen, dass sie vom Kommunismus befreit würden. Als sie aber sahen, dass der Hitler schlimmer war oder genau so schlimm wie die Kommunisten, da haben sie natürlich ihr Vaterland verteidigt, um ihre Angehörigen zu schützen, die von verschiedenen Gruppen als Arbeitskräfte nach Deutschland geschafft wurden oder erschossen wurden, wenn sie Zigeuner oder Juden waren.«[39]

Schon im Sommer 1941 stießen die deutschen Truppen auf heftige Gegenwehr. An einen neuerlichen Blitzkrieg mit einem schnellen Sieg wie in Polen und Frankreich war nicht mehr zu denken. Und niemand hatte den Winter einkalkuliert. Es fehlte überall am Nötigsten. Philipp von Boeselager berichtet, dass die Waffen einfroren und nicht mehr schossen, weil es kein Winteröl gab. Den Soldaten fehlte warme Bekleidung und kalorienhaltige Nahrung. »Wenn ich mich recht erinnere, kamen noch sechs Züge zur Heeresgruppe Mitte anstatt sechsunddreißig, die wir gebraucht hätten, um die Deutschen zu versorgen. Ganz zu schweigen von den Millionen von russischen Kriegsgefangenen.«[40] Für ihn hatte die Heeresführung versagt. Sein Vertrauen in das Organisationsvermögen des deutschen Militärs war nachhaltig erschüttert.

Am 10. Dezember 1941 wurde Philipp von Boeselager bei 42 Grad minus schwer verwundet. Im Nahkampf hatte er einen Bauchschuss erhalten und war von einem Kameraden gerettet worden. Am eigenen

Philipp von Boeselager (rechts) als Ordonnanzoffizier bei von Kluge.

Leib erlebte er, wie katastrophal die Lage in allen Bereichen war. »Die ganze ärztliche Versorgung war so schlecht, wie man es sich überhaupt nicht vorstellen kann. Und wenn man sich mit Recht beklagt, dass die russischen Gefangenen zu Tausenden und Hunderttausenden verhungert sind, so kann ich nur sagen, die Deutschen sind nicht besser behandelt worden. Ich bin vierzehn Tage unterwegs gewesen mit einem Bauchschuss und hinterher noch mit anderen Verletzungen und Verwundungen, ohne einen Arzt überhaupt gesehen zu haben.«[41]

Als er endlich nach Deutschland in das Marienhospital bei Bonn gelangte, hatten ihn die Ärzte schon fast aufgegeben. Aber er erholte sich schnell. Obwohl er noch nicht ganz genesen war, wurde er Anfang Juni 1942 als Erster Ordonnanzoffizier zum Oberbefehlshaber der Heeresgruppe Mitte, Generalfeldmarschall Hans Günther von Kluge, nach Smolensk versetzt. Philipp von Boeselager war damit für die dienstlich-persönlichen Angelegenheiten des Kommandeurs zuständig.

Philipp von Boeselager als Ordonnanzoffizier hinten im Wagen, vor ihm auf dem Beifahrersitz Generalfeldmarschall von Kluge.

Der 1882 in Posen geborene Kluge hatte schon am Ersten Weltkrieg als Generalstabsoffizier teilgenommen und war danach als Hauptmann in die Reichswehr übernommen worden. 1934 wurde er Kommandeur einer Infanteriedivision, fünf Jahre später übernahm er den Oberbefehl über die 4. Armee. 1940 ernannte ihn Hitler zum Generalfeldmarschall. Das war der höchste Dienstrang, den ein Soldat in der Wehrmacht erreichen konnte. Am 19. Dezember 1941 erhielt er den Oberbefehl über die Heeresgruppe Mitte, die sich gerade in einer schwierigen militärischen Situation befand. Die Beschreibungen Kluges in der Memoirenliteratur ergeben kein ganz klares Bild. Rudolf-Christoph Freiherr von Gersdorff bezeichnet ihn als einen im Grunde vornehmen und einfachen Mann, der nicht frei von Eitelkeiten gewesen sei. »Sein Denken und Handeln war gradlinig und anständig, er war offen und freimütig. Seine strategischen Fähigkeiten waren begrenzt und ließen sich mit denen der Feldmarschälle v. Bock, v. Rundstedt und v. Manstein nicht vergleichen. Aber stets führte er mit viel persönlichen Einsatz, was ihm die Anhänglichkeit seiner Untergebenen, auch des einfachen Soldaten, eintrug.«[42] Der Offizier und Widerstandskämpfer Fabian von Schlabrendorff bescheinigte ihm »eine gesunde Portion Menschenverstand. Er war nicht ohne Witz und durchschaute Menschen und Dinge. Da Kluge vorher Oberbefehlshaber der 4. Armee an der Ostfront gewesen war, bereitete ihm die Beurteilung der militärischen Situation keine Schwierigkeiten.«[43] Für seinen Ordonnanzoffizier Philipp von Boeselager, dem Schlabrendorff »einen nicht geringen Einfluss« auf Kluge zusprach, war er »eine väterliche Figur. Wir sind den ganzen Tag zusammen gewesen. Wir hatten viele gemeinsame Bekannte aus dem Frieden, und er hat mich so ein bisschen wie seinen Sohn behandelt.«[44] Er schätzte die militärische Tapferkeit von Kluge, vermisste aber die politische. Kluge zeigte gelegentlich Mut gegen Hitler und dessen Paladine, aber dieser Mut hatte seine engen Grenzen. Mehr als einmal scheute er vor den Konsequenzen seines forschen Vorgehens zurück und knickte ein. Einem Befehl von Hitler widersetzte er sich letztlich nie, auch wenn er an der einen oder anderen Formulierung Kritik übte. Beispiele dafür gibt es viele, auch aus der Zeit, als Kluge noch die 4. Armee führte.

Am 13. Mai 1941 gab das Oberkommando der Wehrmacht für den bevorstehenden Krieg gegen die Sowjetunion den »Erlass über die Ausübung der Kriegsgerichtsbarkeit im Gebiet ›Barbarossa‹ und über besondere Maßnahmen der Truppe« heraus, der die Militärjustiz über die Zivilbevölkerung der Truppe übertrug. Der Erlass gehört zu den von Philipp von Boeselager indirekt kritisierten Maßnahmen, die das Vertrauen der nicht-kommunistischen Bevölkerung in der Sowjet-

Generalfeldmarschall Hans Günther von Kluge

union zu den deutschen Truppen frühzeitig zerstörte. In ihm hieß es unter »Behandlung von Straftaten feindlicher Zivilpersonen«:

»1. Straftaten feindlicher Zivilpersonen sind der Zuständigkeit der Kriegsgerichte und der Standgerichte bis auf weiteres entzogen.

2. Freischärler sind durch die Truppe im Kampf oder auf der Flucht schonungslos zu erledigen.

3. Auch alle anderen Angriffe feindlicher Zivilpersonen gegen die Wehrmacht, ihre Angehörigen und das Gefolge sind von der Truppe auf der Stelle mit den äußersten Mitteln bis zur Vernichtung des Angreifers niederzukämpfen.

4. Wo Maßnahmen dieser Art versäumt wurden oder zunächst nicht möglich waren, werden tatverdächtige Elemente sogleich einem Offizier vorgeführt. Dieser entscheidet, ob sie zu erschießen sind. Gegen Ortschaften, aus denen die Wehrmacht hinterlistig oder heimtückisch angegriffen wurde, werden unverzüglich auf Anordnung eines Offiziers in der Dienststellung eines Bataillons-usw.-Kommandeurs kollektive Gewaltmaßnahmen durchgeführt, wenn die Umstände eine rasche Feststellung einzelner Täter nicht gestatten.«[45]

Damit war ausdrücklich auch der Artikel II der Haager Landkriegsordnung außer Kraft gesetzt, der der Bevölkerung eines Landes das Recht einräumte, sich gegen einen eindringenden Gegner zur Wehr zu setzen. Jeder Offizier wurde damit zum Herr über Leben und Tod. Erschießen auf Verdacht wurde ausdrücklich erlaubt und strafrechtlich nicht verfolgt.

Kluge fürchtete mit Recht willkürliche Ausschreitungen der Truppe gegen die Zivilbevölkerung und erhob Einspruch gegen einzelne Teile des Erlasses, allerdings ohne Erfolg. »Kluge löste das Problem durch Appelle an die Truppenführer«, schreibt der Historiker Felix Römer in seiner Untersuchung über den Kriegsgerichtsbarkeitserlass. Er ermahnte sie, »›sich immer davon leiten (zu) lassen, die Disziplin u(nd) Manneszucht aufrecht zu erhalten‹, wobei Kluge zusagte, sie im Konfliktfall persönlich zu ›decken‹. Letztendlich ließ Kluge allerdings keinen Zweifel daran, dass der ›Erlass des Führers‹ befehlsgemäß umgesetzt werden sollte.«[46]

Gegen den »Kommissarbefehl«, der die sofortige Ermordung aller gefangen genommenen sowjetischen Politkommissare verlangte, erhob Kluge keinerlei Einwände mehr. Er hatte ihn noch als Oberbefehlshaber der 4. Armee aus dem Oberkommando des Heeres (OKH) erhalten. Der Kommissarbefehl ging am 8. Juni 1941 direkt an die Armeen und Panzergruppen. In der Heeresgruppe Mitte traf er erst fünf Tage später ein.[47] Philipp von Boeselager vermutet, dass er dann von Tresckow oder jemand anderem »angehalten« wurde. Zu ihm jedenfalls sei er nicht gedrungen.[48] Den Großverbänden innerhalb der Heeresgruppe lag er allerdings vor.

Wir wissen wenig darüber, wie Kluge mit diesen Befehlen in der Praxis umgegangen ist. Sie waren auf jeden Fall kein Grund dafür, dass er sich offen gegen Hitler stellte. Der Historiker Christian Gerlach wirft ihm sogar eine »exzessive Auslegung des Kommissarbefehls«[49] vor. Die Diskussion darüber hat allerdings erst begonnen, und sie wird noch lange andauern.

Die gesamte militärische Führung, so Philipp von Boeselager, sei, soweit er sie kennengelernt habe, machtlos gegen Hitler gewesen. »Ich habe das mehrmals erlebt, dass Kluge telefonisch mit Hitler um irgendeine Entscheidung rang. Und wenn ich schon dachte, wenn das Gespräch sehr ernst wurde, Hitler würde Kluge entlassen, dann hat

Hitler immer sehr geschickt psychologisch von der Frage abgelenkt. Beispielsweise sagte er: ›Ich habe Ihrer Frau Blumen geschickt, weil sie Geburtstag hatte. Und ich weiß ja, dass sie gelbe Rosen so gerne hat. Wir müssen die Sache morgen noch einmal besprechen.‹ Mit solchen Bemerkungen brach er dem erregten Gespräch die Spitze ab und verschob die Entscheidung auf morgen. Er sagte, er würde mit Kluge noch einmal in Verbindung treten. Er war dann aber für Kluge nicht mehr erreichbar, er rief auch nicht wieder an. Die Entscheidung wurde so gefällt, wie Hitler es gewollt hatte.«[50]

Philipp von Boeselager konnte das aus der Nähe erleben, denn als Ordonnanzoffizier musste er die Telefongespräche Kluges mithören. Und es sollte später ein Telefonat zwischen Hitler und seinem Oberbefehlshaber sein, das ihn in den aktiven Widerstand führte.

Aber noch war er nicht so weit. Zwar wuchs die Skepsis gegenüber Hitler und dem NS-Regime, aber der Krieg und besonders die sehr schwierige Lage an der Ostfront erforderten die ganze Aufmerksamkeit und die ganze Kraft des Generalstabsoffiziers. Er stand kurz vor dem entscheidenden Schritt, aber noch versuchte er das, was er erlebt und erfahren hatte, zur Seite zu drängen, weil er sich in einer für Deutschland entscheidenden Abwehrschlacht gegen den sowjetischen Kommunismus fühlte. Die Hoffnung auf einen Sieg in Russland hatte er Anfang 1942 noch nicht aufgegeben. Doch er erkannte immer deutlicher das militärische Versagen Hitlers und die Machtlosigkeit der Heeresführung. Dass er in einem Unrechtsstaat lebte, hatte er schon früh erfahren müssen: in der eigenen Familie nach dem Mord an Ketteler, im Jesuitenkolleg, nach der Pogromnacht 1938 und aus den Erzählungen von Soldaten über die SS-Exzesse im Polenfeldzug.

Immer wieder trafen neue erschütternde Nachrichten ein. So wurden zu Beginn des Krieges gegen die Sowjetunion die Predigten des Münsteraner Bischofs Clemens August Graf von Galen bekannt. Der angesehene Geistliche hatte in drei Predigten in der Lambertikirche in

Münster die staatlich angeordneten Euthanasiemorde öffentlich gemacht und mit harschen Worten angeprangert. So sagte er am 3. August 1941: »Wenn einmal zugegeben wird, dass Menschen das Recht haben, ›unproduktive Menschen‹ zu töten, und wenn es jetzt zunächst auch nur arme, wehrlose Geisteskranke trifft, dann ist grundsätzlich der Mord an allen unproduktiven Menschen, also an den unheilbar Kranken, den arbeitsunfähigen Krüppeln, den Invaliden der Arbeit und des Krieges, dann ist der Mord an uns allen, wenn wir alt und altersschwach und damit unproduktiv werden, freigegeben.«[51]

Philipp von Boeselager berichtet, dass der Inhalt der Predigten durch die ganze Wehrmacht ging, »da die Tötung ›unwerten Lebens‹, so nannte man das, uns Soldaten besonders berührte. Wir hatten Kameraden, die Kopfschüsse hatten, die also wahrscheinlich auch nach einem Lazarettaufenthalt nun unter die Rubrik ›lebensunwert‹ fielen. Die Euthanasie beunruhigte die Soldaten. Sollte das der ›Dank des Vaterlandes‹ für mutigen Einsatz im Felde gewesen sein?«[52]

Noch waren die Morde, die die Nazi-Schergen begingen, weit weg. Philipp von Boeselager hatte davon gehört, aber er wusste nicht, ob die Berichte wirklich stimmten. Das änderte sich Anfang Juni 1942, kurz nachdem er Ordonnanzoffizier bei Kluge geworden war. Jeden Morgen um sieben Uhr musste er seinem Chef, dem Oberbefehlshaber der Heeresgruppe Mitte, die Meldungen vortragen, die über Nacht gekommen waren. In den ersten Junitagen erhielt er einen Bericht aus dem rückwärtigen Heeresgruppenbereich, den die SS kontrollierte. Auf dieses Gebiet, etwa dreihundert bis vierhundert Kilometer hinter der Front, hatte die Heeresgruppe zwar keinen Zugriff, aber es interessierte Kluge sehr, ob dort Partisanenüberfälle stattgefunden hatten, ob die Straßen und Brücken intakt waren. Durch dieses Gebiet rollte immerhin der Nachschub für die Front.

In dem Bericht fand sich nun die Formulierung »fünf Zigeuner sonderbehandelt«, mit der weder Kluge noch Boeselager etwas anfan-

SS-Obergruppenführer Erich von dem Bach-Zelewski

gen konnten. Sie beschlossen deshalb, den Höheren SS- und Polizeiführer für Russland-Mitte, Erich von dem Bach-Zelewski, danach zu fragen. Er hatte seinen Besuch für den 10. Juni angekündigt. Der SS-Obergruppenführer reagierte bei der Nachfrage ungehalten und gab offen zu, dass »Zigeuner und Juden« ohne jedes Verfahren ermordet würden. Das verstieß nicht nur gegen die Haager Landkriegsordnung, sondern war auch weder vom Kriegsgerichtsbarkeitserlass noch vom Kommissarbefehl gedeckt. »Kluge meldete den Tatbestand wütend dem OKH und bestand darauf, dass eingegriffen würde, da wir sonst hinter unserer Front nur Partisanen züchteten. Mit der Widerrechtlichkeit zu argumentieren war nutzlos. Der einzig greifbare Erfolg war aber, dass wir von dieser Zeit an keine Meldungen mehr von Bach-Zelewski bekamen.«[53]

Philipp von Boeselager war nach diesem Treffen mit Bach-Zelewski schockiert. Zum ersten Mal hatte er »authentisch«, wie er betont, von dem verbrecherischen Morden der SS und des Sicherheitsdienstes (SD) gehört. In seinem Stab wusste man jedoch schon länger davon. Gersdorff zum Beispiel berichtete ihm über das Pogrom von Borissow in Weißrussland. Am 20. und 21. Oktober 1941 waren siebentausend Juden von einem SS-Einsatzkommando in einem wahren Blutrausch erschossen worden. Der damalige Oberbefehlshaber der Heeresgruppe, Feldmarschall Fedor von Bock, hatte danach, wie Gersdorff in seinen Erinnerungen schreibt, die Verurteilung der Schuldigen gefordert, war aber an dem Zivilkommissar in Minsk, Wilhelm Kube, gescheitert:

»Die Rückendeckung, die das Reichssicherheitshauptamt Kube und den ihm unterstellten SS- oder SD-Angehörigen bot, machte die Heeresgruppe praktisch wehrlos. Selbstverständlich wurde die Angelegenheit in allen Einzelheiten und auf dem schnellsten Weg an das Oberkommando des Heeres gemeldet. Ich habe diese Meldung, die ich selbst aufgesetzt und abgezeichnet hatte, 1946 im Zeugenflügel des Nürnberger Justizpalastes bei der Sichtung der Anklage-Dokumente wiedergefunden. In der rechten oberen Ecke des Schriftstücks war nun vermerkt: ›ObdH hat Kenntnis, Sievert, Oberstleutnant i.G.‹ Das bedeutet, dass die Meldung dem Oberbefehlshaber des Heeres, Feldmarschall von Brauchitsch, vorgelegt worden ist. Es entzog sich unserer Kenntnis, was dieser unternommen hat. 1945 konnte er sich an nichts mehr erinnern.«[54]

Neuere Forschungen belegen, dass Gersdorff und vor allem der 1. Generalstabsoffizier der Heeresgruppe, Oberstleutnant Henning von Tresckow, schon vor dem Pogrom in Borissow Kenntnis von Massenerschießungen hatten. Das Namenskürzel, die Paraphe von Tresckows, findet sich auf mehreren entsprechenden Berichten, die bis in den Sommer 1941 zurückreichen. Außerdem unterhielten beide einen heute höchst umstrittenen Kontakt zu Arthur Nebe, der als Leiter der (SS-)Einsatzgruppe B für den Tod von Zehntausenden von Juden verantwortlich war. Nebe, ein ebenso glühender Rassist wie Hitlergegner, war Tresckows einzige Verbindung in die Führungszirkel der SS. Die Informationen, die er lieferte, waren für die Verschwörer (auch in Berlin) so wichtig, dass sie ihre Bedenken hintanstellten. Gersdorff berichtete dem Historiker Bodo Scheurig, dass ihm Tresckow den Auftrag gegeben hatte, mit Nebe in engem Kontakt zu bleiben, um die Planungen der Einsatzkommandos in Erfahrung zu bringen: »Wir müssen wissen, was sie tun und ihnen befohlen wird. Kommen Sie mit Nebe so oft wie möglich zu mir, damit wir diesen Mann im Griff behalten.«[55] Realistisch betrachtet waren ihre Möglichkeiten, wirkungsvoll gegen den rassistisch motivierten Massenmord vorzugehen, äußerst gering.

Die Kommandogewalt über alle SS- und Polizeieinheiten im rückwärtigen Heeresgebiet hatte Bach-Zelewski, eine der schillerndsten Figuren in der SS-Hierarchie und ab Mitte 1943 »Chef der Bandenkampfverbände« an der gesamten Ostfront. Er war ein mächtiger Mann, der Himmler direkt unterstand und geschickt die Rivalitäten zwischen der SS und der Wehrmacht nutzte. Obwohl er persönlich für zahlreiche Morde verantwortlich war, trat er später nicht als Hauptschuldiger vor das Nürnberger Kriegverbrechertribunal, sondern als Belastungszeuge. Wegen seiner Verbrechen an der Ostfront wurde er nie verurteilt. Und der Generalkommissar für Weißruthenien, Kube, war bereits im September 1943 von Partisanen in Minsk getötet worden. Als zunächst glühender Antisemit hatte er später aus nicht bekannten Gründen gegen SD und SS versucht, aus Deutschland deportierte Juden vor der Vernichtung zu retten.

Gegen Bach-Zelewski und Kube konnte Henning von Tresckow wenig ausrichten, zumal es seine Vorgesetzten, Bock und dann Kluge, wenn überhaupt bei formalen Protesten beließen, ohne sie intensiv weiter zu verfolgen. Dieses Gefühl der eigenen Ohnmacht stärkte andererseits aber den Willen, Hitler und mit ihm die gesamte NS-Führung zu beseitigen. Das räumen selbst die Historiker ein, die sich sonst sehr kritisch mit dem Verhalten der Militäropposition in diesem Zeitraum auseinandersetzen. »Als es über die wahre Dimension der NS-Verbrechen keine Zweifel mehr geben konnte«, schreibt Johannes Hürter, »fand der Entschluss zum aktiven Widerstand eine stärkere ethische Fundierung, während vorher die rationalen Erwägungen über die Kriegslage im Vordergrund standen. Die Größe, die eigene Einstellung zu ändern und daraus mutig die Konsequenzen zu ziehen, bleibt unbestritten und erhebt diese jüngeren Offiziere über die meisten ihrer älteren Vorgesetzten.«[56]

Henning von Tresckow

Im Zentrum dieser Verschwörergruppe stand der 1901 geborene Henning von Tresckow. Er stammte aus einer preußischen Offiziersfamilie. Schon als Kind war ihm klar, dass er einmal Soldat werden würde. Als Hitler an die Macht kam, war er bereits Hauptmann. Die Weimarer Republik lehnte er entschieden ab und sah nur die Alternative zwischen Kommunisten und Nationalsozialisten. Da er den Kommunismus aus tiefsten Herzen verabscheute, übertrug er alle seine Hoffnungen und Wünsche auf den Nationalsozialismus. So beschreibt es sein Biograf Bodo Scheurig: »Die wahren Ziele der Bewegung waren in *Mein Kampf* dargelegt, aber Tresckow las nicht Hitlers Bekenntnisfibel, er hielt sich an das Parteiprogramm, in dem er eigene Gedanken in unmissverständlichen Formulierungen wiederfand. Er leugnete, dass Hitlers Agitation Blendwerk war. Tresckow erstrebte keine nationalkonservative Restauration, gegen die Hitler rasch verstoßen musste, sondern soziale Reformen und Umwälzungen, mit denen er dem Nationalsozialismus eine längere Vorhand einräumte. Da ihm Anstand, Toleranz und Rechtsstaatlichkeit selbstverständlich waren, wollte er Ehrlosigkeit, Terror und Willkür nicht für möglich halten. Totalitäre Praktiken waren ihm wie dem Volk fremd. Gleiche Voraussetzungen galten gegenüber Hitlers Rassentheorien und Imperialismus.«[57]

Nach der Röhm-Affäre, bei der Hitler 1934 gezeigt hatte, was er von Rechtsstaatlichkeit hielt, ging er auf Distanz zur NS-Bewegung und wandelte sich dann, spätestens nach den Novemberpogromen des Jahres 1938, vom Saulus zum Paulus. Obwohl er die imperialistischen Weltbeherrschungspläne Hitlers auf das Entschiedenste ablehnte und während der Sudetenkrise mit den Verschwörern um Generaloberst Beck sympathisierte, leistete er seinen Beitrag zu den ersten Blitzsiegen der deutschen Truppen. Er stand damit in dem Konflikt, den auch Philipp von Boeselager immer wieder beschreibt: auf der einen Seite mit äußerstem Einsatz für sein Vaterland zu kämpfen und andererseits einer verbrecherisch erkannten Staatsführung zu dienen. Dem Krieg gegen die Sowjetunion und damit gegen den von ihm so gehassten Kommunismus stand er von Anfang an skeptisch gegenüber. Er glaubte, ihn nicht gewinnen zu können. »Die Niederlage, die er erwartete, sollte ihn gewappnet finden und zur Stunde der Befreiung werden. Entschlossen wollte er sie für den Widerstand nutzen«[58], so Scheurig.

Tresckow pflegte sein bestehendes Netzwerk und hielt Kontakt zu den Verschwörern in der Heimat, wie dem früheren Leipziger Oberbürgermeister Carl Friedrich Goerdeler oder dem Abwehroffizier Hans Oster, den Philipp von Boeselager gern als »Geschäftsführer des Widerstands« bezeichnet. Das war aber nur die eine Seite von Tresckows konspirativer Tätigkeit. Im Stab der Heeresgruppe sammelte er Vertraute um sich, die genau so wie er dachten. Ohne es zu wissen, unterstützte ihn dabei sein Freund Rudolf Schmundt, der militärische Chefadjutant Hitlers und Chef des Heerespersonalamts. Über ihn gelang es Tresckow, die heranzuziehen, die ihm beim Attentat auf Hitler helfen sollten. Zu seinen wichtigsten Vertrauten wurden: sein Vetter Fabian von Schlabrendorff, Rudolf-Christoph Freiherr von Gersdorff, Heinrich Graf von Lehndorff, Carl-Hans Graf von Hardenberg, Bernd von Kleist, Georg Schulze-Büttger (für den später Hans-Alexander von Voss kam) und Hans-Ulrich von Oertzen.

In einem Bericht für die Gedenkstätte Deutscher Widerstand in Berlin hat Philipp von Boeselager die »beeindruckendsten Männer im Stabe« kurz charakterisiert. Schlabrendorff, den er zuerst nannte, der

Links auf den Kartentisch gestützt Bernd von Kleist, rechts daneben Georg Schulze-Büttger, Henning von Tresckow, rechts oben Fabian von Schlabrendorff.

»Christ und Preuße der alten Schule«, habe es seinen Freunden nicht leicht gemacht. »Er war verschlossen und konnte aufbrausend sein. Sein ätzender Spott konnte vernichten. Doch all dies wurde, wenn man ihn näher kannte, durch seine Toleranz, sein immer waches Interesse für seine Mitmenschen und seine Demut vor Gott wettgemacht. Darüber hinaus hat er nach seiner Festnahme nach dem 20. Juli und in seiner Haftzeit eine Treue und Tapferkeit gezeigt, die vielen seiner Freunde, so auch Georg und mir, das Leben gerettet hat.« Georg Schulze-Büttger sei »ein harter Arbeiter« gewesen, »der nie aus der Ruhe zu bringen war und immer mit seinem Humor die schwierigsten Lagen beherrschte«. In Hans-Ulrich von Oertzen, dem »lebhaften, eleganten Major«, sah Philipp von Boeselager vor allem den »Typ des hervorragenden Organisators, der persönlich tapfer, stets zur Hilfe bereit, es vorzüglich verstand, zu improvisieren«. Hans-Alexander von Voss, der Schulze-Büttger nachfolgte, habe »sich selbst seine Aufgabe nicht leicht« gemacht. »Er rang mit sich und verzweifelte schließlich ob des Verrates der Nazis am deutschen Soldatentum.«

Einen etwas längeren Abschnitt widmet er Rudolf-Christoph Freiherr von Gersdorff, der die Ic-Abteilung leitete, also für »Feindnachrichten, Feindlage und Abwehr« zuständig war. »Ich schätzte und kannte ihn schon vom Frankreichfeldzug her. Er war hochintelligent, lebenslustig, ein guter Reiter und Jäger. Er verstand genauso gut die Pauke eines Trompeter-Korps zu schlagen wie in Krisenlagen scharf und genau zu führen. Er wusste immer, worauf es ankam, und verlor sich nie in Kleinigkeiten.«[59]

Es gelang Tresckow, schrieb Fabian von Schlabrendorff rückblickend »einen Stab zusammenzusetzen, der – von wenigen Ausnahmen abgesehen – homogen war. Homogen in militärischer Beziehung, homogen in politischer Beziehung und auch homogen in gesellschaftlicher Beziehung.«[60] Für Peter Hoffmann, den Autor des Standardwerks *Widerstand – Staatsstreich – Attentat*, war in der Heeresgruppe Mitte »die stärkste Oppositionsgruppe konzentriert, die je bestanden hat«.[61]

Rudolf-Christoph Freiherr von Gersdorff

Der Kreis war hochkonspirativ. Niemand außer den Mitgliedern durfte wissen, dass es ihn überhaupt gab. Verrat oder nur eine unbedachte Äußerung konnte den sicheren Tod bedeuten. Selbst Philipp von Boeselager ahnte lange Zeit nichts davon, dass er sich ganz in der Nähe einer Verschwörung gegen Hitler befand. Erst ein Zufall öffnete ihm das Geheimnis. Allerdings, so ganz zufällig war es nicht, dass ihn Henning von Tresckow in die Umsturzpläne einweihte. Denn dank Gersdorff hatte Philipp von Boeselager den Ruf eines entschlossenen und mutigen Mannes, der im richtigen Moment die Pistole zog. Und auch bei den Gesprächen im Generalstab oder im Kasino dürfte aufgefallen sein, dass er Distanz zu Hitler und dem Nationalsozialismus hielt.

Es überrascht immer wieder in den persönlichen Berichten aus dieser Zeit, wie offen Hitler und seine militärischen Entscheidungen unter Offizieren kritisiert wurden. Auf der anderen Seite spürten Hitler und die SS unter Himmler, dass ihre mächtigsten innenpolitischen Gegner in höheren und hohen Positionen der Wehrmacht saßen. Aber ihre Kontrollmöglichkeiten und ihr Einfluss waren bis zum 20. Juli 1944 noch gering. Zentren des militärischen Widerstands entstanden im Oberkommando des Heeres, im Allgemeinen Heeresamt in Berlin, beim Militärbefehlshaber und bei den Heeresgruppen West und B in Frankreich sowie im Stab der Heeresgruppe Mitte um Henning von Tresckow, der sich mehr und mehr zur treibenden Kraft für einen Staatsstreich gegen Hitler entwickelte. Er wagte auch die Verbindung zu zivilen Widerstandsgruppen, um eine breite politische Basis für die Zeit nach dem Umsturz zu schaffen. Und er musste im Heer weitere Bundesgenossen finden.

Die Versuche, Kluge zu gewinnen, zogen sich über längere Zeit hin, aber der Oberbefehlshaber der größten Heeresgruppe an der Ostfront blieb schwankend. Mal schien es, als ob er sich jederzeit auch aktiv beteiligen würde, dann war er wieder zögernd und ängstlich. Auf der Ebene der (Stabs-)Offiziere hatte Tresckow mehr Erfolg. Es musste sich nur die richtige Gelegenheit ergeben, um einen möglichen Mitstreiter anzusprechen. Bei Philipp von Boeselager kam diese am 30. Oktober 1942, dem sechzigsten Geburtstag von Kluge.[62]

Philipp von Boeselager hörte, wie es seine Pflicht als Ordonnanzoffizier war, ein Telefongespräch zwischen Hitler und Kluge mit. Der »Führer« gratulierte seinem Feldmarschall und versprach ihm als

Geschenk für 250 000 Reichsmark Bezugsscheine für Baumaterial, um einen neuen Kuhstall errichten zu können. Das war eine großzügige Geste, denn für zivile Zwecke wurden schon lange keine Bezugsscheine dieser Art mehr ausgegeben. Kluge war es nach dem Gespräch unangenehm, dass sein Ordonnanzoffizier von der Offerte erfahren hatte, und er fragte Philipp von Boeselager, ob er das Geschenk annehmen könne. Die Antwort fiel eindeutig aus: Im Krieg dürfe ein Feldmarschall keine Dotation erhalten. Das sei schon in Preußen so gewesen. Er solle das Geld dem Roten Kreuz geben. Danach war sich Philipp von Boeselager aber unsicher, ob er Kluge richtig geraten hatte. Er wandte sich an seinen »väterlichen Freund« Henning von Tresckow, um sich mit ihm zu besprechen. Das war für Tresckow der entscheidende Augenblick, um Philipp von Boeselager in seine Anschlagspläne einzuweihen.

Von diesem Moment an gehörte er zum Widerstandskreis in der Heeresgruppe Mitte und durfte auch an den spätabendlichen Gesprächen teilnehmen. Wenn alles schlief, wurde hin und her überlegt, wann ein geleisteter Eid nicht mehr bindend sei und ob man Hitler töten dürfe. Tresckow schwankte einige Zeit zwischen Festnahme und Attentat. Aber schließlich war allen klar, dass sich viele Soldaten auch nach dem Staatsstreich an ihren Treueeid zu Hitler gebunden fühlen würden – außer natürlich, der »Führer« hätte nicht überlebt. Damit war das Attentat beschlossen, und Philipp von Boeselager erklärte sich bereit, daran mitzuwirken. Und das nicht zuletzt wegen Tresckow, den er hoch verehrte. Im Juli 2003 hielt er in Potsdam einen Vortrag, in dem er schilderte, was ihn an der Persönlichkeit dieses außergewohnlichen Menschen faszinierte:

»Tresckow hatte ein ungewöhnliches Charisma, und so entstand eine Spannung, ich kann es nicht anders nennen, die zum Stillwerden, zum Aufhorchen zwang. Jedes Wort, das er sprach, wollte man mitbekommen, denn er sprach nichts so leicht dahin. Seine Persönlichkeit strahlte etwas Bezwingendes aus. Voller Staunen bemerkte ich seine Wirkung auf mich, jenseits aller Worte. Man spürte den höchst disziplinierten, denkenden, geistig geschulten Generalstabsoffizier, daneben aber auch den weltoffenen Offizier, der stets über den Tellerrand schaute, dachte und plante. Ich freute mich täglich auf die Begegnung mit ihm. Er konnte mit einigen wenigen Sätzen das Weltgeschehen deuten. Dabei war schon damals, also vor Stalingrad, seine Skepsis über den Ausgang des Krieges erkennbar, denn er wusste um die Stärke der Alliierten. Wenn man den Nachtdienst in der Führungsabteilung Tresckows übernahm, Kluge wohnte mit uns ein wenig abseits, so spürte man gleich die Verehrung, die Tresckow vom einfachen Gefreiten und Lagezeichner bis zum höheren Offizier genoss. Er war die Seele des Stabes und Prototyp des preußischen Generalstabsoffiziers. Was heißt in diesem Zusammenhang preußisch? Tresckow hätte darunter ein mit einem hohen Verantwortungsbewusstsein gepaartes Elitedenken verstanden. Er postulierte einen hohen moralischen Anspruch, der Pflichtbewusstsein, Ehrlichkeit, Toleranz und Genügsamkeit umfasste. Er selbst war bescheiden, fleißig, hochintelligent und freundlich gegenüber jedem. Dabei blieb er ein preußischer Landedelmann.«[63]

Der 13. März 1943

Während Henning von Tresckow an der Ostfront seinen Kreis um sich sammelte und die Vorbereitungen für den Staatsstreich forcierte, wurde im Februar 1942 in Deutschland von der Gestapo eine kommunistische Verschwörung aufdeckt: die Widerstandsgruppe um den Werkzeugmacher Robert Uhrig und den ehemaligen Freikorpskämpfer Josef Römer. Römer hatte von 1933 bis 1939 als sogenannter Schutzhäftling im Konzentrationslager Dachau gesessen und war nun, nach dem deutschen Überfall auf die Sowjetunion, bereit Hitler zu ermorden. Dadurch wollte er eine Revolution auslösen, an deren Ende ein kommunistischer Staat stehen sollte. Römer gelang es, mit wichtigen Persönlichkeiten aus dem engeren Kreis um Hitler Kontakt aufzunehmen und Details aus dem Tagesablauf des Diktators zu erfahren. Aber bevor das Attentat ausgeführt werden konnte, wurde die kommunistische Gruppe, die im Untergrund vielfältige Aktivitäten entwickelt hatte, verraten. Zweihundert ihrer Mitglieder kamen in Konzentrationslager, sechzehn wurden dabei ermordet. In insgesamt zwanzig Prozessen rollte der Volksgerichtshof die weitverzweigte Widerstandstätigkeit der Gruppe auf. Über hundert Angeklagte wurden verurteilt, vierzig davon zum Tod. Auch Uhrig und Römer starben von der Hand des Henkers. Sie wurden im August und September 1944 in Brandenburg-Görden hingerichtet.

Die Zerschlagung einer so großen Widerstandsgruppe machte es fast unmöglich, Hitler in Deutschland mit einem Attentat zu töten. Die Gestapo hatte ihre Spitzel unterdessen überall – außer in den höchsten Militärkreisen, in denen jedoch das Misstrauen gegenüber dem »Obersten Kriegsherrn« langsam wuchs.

Die Eroberung der Sowjetunion war keineswegs so einfach, wie es Hitler und Teile seiner Stäbe geglaubt hatten. Im Winter 1941 standen die deutschen Truppen nicht in Moskau, sondern schlecht ausgerüstet und nur mangelhaft versorgt vor Moskau. Von einem Blitzkrieg oder einem Blitzsieg redete niemand mehr. Dafür häuften sich die Rückschläge. Die große Offensive, die im Jahr 1942 noch einmal Gebietsgewinne in Südrussland und dem Kaukasus gebracht hatte, endete desaströs: Hitler hatte persönlich die Einnahme Stalingrads befohlen und die Stadt zum Symbol des deutschen Siegeswillens stilisiert. Als die 6. Armee unter Generalfeldmarschall Friedrich Paulus von sowjetischen Truppen in Stalingrad eingekesselt wurde, verbot Hitler, gegen den Rat hoher Offiziere, jeden Ausbruchsversuch. Abgeschnitten von allen Nachschubwegen, kämpften die Soldaten auf verlorenem Posten und kapitulierten viel zu spät am 31. Januar 1943. 160 000 deutsche Soldaten starben, über 90 000 gingen in die Gefangenschaft.

Die Katastrophe von Stalingrad ließ die Zweifel an den militärischen Fähigkeiten Hitlers wachsen. Aber noch wagte niemand, sich ihm energisch entgegenzustellen. Die Generalität schwieg in den entscheidenden Augenblicken. Sie ließ sich von Hitlers aggressivem Auftreten einschüchtern oder mit großzügigen Geldgeschenken gefügig machen.

Einen schweren Rückschlag für die Militäropposition bedeuteten die Ergebnisse der alliierten Konferenz in Casablanca. Dabei war auch über die Zukunft Deutschlands gesprochen worden. Zum ersten Mal erhob der amerikanische Präsident Franklin D. Roosevelt die Forderung nach einer bedingungslosen Kapitulation, die die Abtretung großer Teile Deutschlands zur Folge haben würde. Damit rückte die Hoffnung auf einen Verständigungsfrieden, wie ihn Tresckow für die Zeit nach dem Staatsstreich anstrebte, in immer weitere Ferne. Um zu retten, was noch zu retten war, musste das Attentat möglichst bald ausgeführt werden.

Ende Januar 1943 trafen sich Goerdeler und Tresckow mit dem Chef des Allgemeinen Heeresamts beim Oberkommando des Heeres in Berlin, General Friedrich Olbricht, um das Ersatzheer in ihre Umsturzplanungen mit einzubeziehen. Das Ersatzheer, das aus Ausbildungs- und Ergänzungstruppenteilen für das Feldheer bestand, sollte nach der Alarmierung vor allem die Verbände der SS in Berlin neutralisieren. Ob sich der Chef des Ersatzheeres, Generaloberst Friedrich Fromm, in die Pläne einbinden lassen würde, war noch unklar – ebenso, wie die Alarmierung genau ablaufen sollte.

Umso wichtiger war es für Tresckow, in seinem Umfeld eine »Staatsstreich-Verfügungstruppe«[64] zu schaffen, auf die er jederzeit zugreifen könnte. Dabei kam ihm der berühmte Zufall zu Hilfe. Kurz vor Weihnachten 1942 schrieb Georg von Boeselager an seinen Bruder, er würde im Weihnachtsurlaub gern seine alte Schwadron im Bereich der Heeresgruppe wiedersehen. Georg von Boeselager hatte sowohl am Krieg in Frankreich als auch in der Sowjetunion teilgenommen und war, wie sein Bruder betont, »ein hochdekorierter Kavallerieoffizier«[65]. Im Januar 1942 war er von der Front abgezogen worden und bildete nun in Rumänien Offiziere aus. In seinem Brief bat er darum, mit einer Kuriermaschine nach Smolensk geflogen zu werden, um nicht zu viele Urlaubstage zu verlieren. Kluge, der Georg von Boeselager schon lange kannte und schätzte, gab die Erlaubnis und lud ihn als Gast in das Hauptquartier der Heeresgruppe ein. Bei dem mehrtägigen Besuch gelang es dem gerade siebenundzwanzigjährigen Rittmeister, den Feldmarschall davon zu überzeugen, die Reiterschwadronen der Infanteriedivisionen in einem eigenen Verband zusammenzufassen. Diese

Georg von Boeselager 1940 mit seinen Pferden auf einer Düne in Frankreich.

Kavallerieeinheit könnte, so Georg von Boeselager, überall schnell und flexibel als »Feuerwehr« eingesetzt werden. Kluge verwies ihn an Tresckow, um die Einzelheiten für die Aufstellung zu regeln.

»Bevor Georg zu uns kam«, erinnert sich Philipp von Boeselager, »hatte ich Tresckow über ihn genau orientiert; wenn wir uns auch mehr als zwei Jahre nicht gesehen hatten, so wusste ich doch genau, wo Georg ›politisch‹ stand. Wir beide waren sehr verschieden. Aber vielleicht verstanden wir uns deshalb so gut, wie das zwischen Brüdern wohl nur ganz selten der Fall ist. Georg war ein begnadeter Soldat. Wie in allen Berufen, so gibt es auch bei den Soldaten viele, die ihr Handwerk gut erlernt haben, aber nur wenige wirkliche Künstler. Georg gehörte zu diesen.

Wir sprachen dieselbe Sprache; wir waren auf derselben Schule, auf derselben Kriegsschule, im selben Regiment gewesen. Wir wussten ganz genau, wie der andere reagieren würde, manchmal nicht so, wie man selbst reagieren würde. Aber wir kannten einander. So kannte ich auch Georgs politische Einstellung und konnte Tresckow sagen: In Georg habe er den Kommandeur, den er für seine Attentatspläne gegen Hitler bisher vergeblich gesucht hätte. Tresckow suchte schon lange eine Einheit, auf die man sich absolut verlassen konnte, und für diese Einheit noch den entsprechenden Kommandeur. Letzteres war fast noch schwieriger, da die Offiziere immer wieder hin und her versetzt wurden oder durch Verwundung oder andere Gründe ausfielen.«[66]

Henning von Tresckow und Georg von Boeselager verstanden sich sofort. Bereits am 13. Januar 1943 begann die Aufstellung des »Reiterverbands Boeselager«. Am Ende des Monats waren die ersten vier Schwadronen zusammen. Damit hatte Tresckow eine kleine, aber schlagkräftige Truppe, die zunächst, auch um die rasche Aufstellung rechtfertigen zu können, gegen Partisanen eingesetzt wurde. Die ständigen Überfalle und Sabotageakte waren für die Heeresgruppe zu einem großen Problem geworden. Durch die menschenverachtende Ausbeutungs- und Vernichtungspolitik von SS und Zivilverwaltung hatten die zum überwiegenden Teil militärisch organisierten Partisaneneinheiten einen gewaltigen Zulauf erhalten und waren zu einem wichtigen Faktor der sowjetischen Kriegsführung geworden. Die mehrfach auch gegenüber höheren Dienststellen geäußerten Befürchtungen von Kluge und seinem Stab hatten sich bewahrheitet.

Einzelne Schwadronen des Reiterverbands verfolgten die Partisanentrupps zwar mit Härte, aber die Möglichkeiten, die der Kriegsgerichtsbarkeitserlass bot, wurden nicht ausgeschöpft. Wenn man den überlieferten Berichten folgt, dann wurden Gefangene gemacht, aber es kam zu keinen willkürlichen Erschießungen. Zugleich verfasste Georg von Boeselager aber eine Denkschrift, die sehr weitgehende Vor-

Philipp und Georg von Boeselager mit von Kluge bei der Begutachtung der Ausrüstung des Kavallerie-Regiments Mitte im Mai 1943.

schläge enthielt, »unsererseits die Bandengefahr zu beschränken«[67].

Der Einsatz des Reiterverbands im Kampf gegen die Partisanen war für Tresckow militärische Notwendigkeit und Tarnung zugleich. Denn zumindest die 1. Schwadron sollte bei dem geplanten Attentat auf Hitler im Hauptquartier der Heeresgruppe eine wichtige Rolle spielen.

Tresckow war es unter einem Vorwand gelungen, Hitler für den 13. März 1943 nach Smolensk zu locken. Er sollte zusammen mit Himmler und hohen Wehrmachtsoffizieren an einem Gespräch bei Kluge über eine bevorstehende Offensive teilnehmen. Im Kasino der Heeresgruppe war ein Essen geplant. Dabei sollte ihn eine Gruppe von Offizieren aus dem Generalstab und aus dem Reiterverband mit Pistolenschüssen töten. Zunächst hatte Tresckow daran gedacht, das Attentat nur von Georg von Boeselager ausführen zu lassen. Der war sich allerdings nicht sicher, ob es ihm gelingen würde, Hitler Auge in Auge zu erschießen. Er erklärte sich aber bereit, zusammen mit seinem Bruder zu einer Offiziersgruppe zu gehören und das Feuer zu eröffnen. Philipp von Boeselager erinnert sich, dass auch andere dachten, es sei nicht gut, wenn einer allein schießen würde. »Außerdem steht plötzlich einer auf und stellt sich zwischen Hitler und den Schützen. Und man war sich nicht sicher, ob Hitler eine Schutzweste trug. So war die Anonymität des Erschießens gegeben. Niemand wusste, habe ich ihn getroffen oder hat ein anderer ihn erschossen.«[68]

Als zusätzliche Sicherung war die 1. Schwadron des Reiterverbands in die Vorbereitungen eingebunden. »Sie sollte offiziell die Straße zwischen dem Flugplatz und dem Hauptquartier Kluges sichern. In Wirklichkeit war besprochen und vorgesehen, dass die Schwadron Hitler festnehmen sollte, wenn aus irgendwelchen Gründen das Pistolenattentat scheitern sollte.«[69]

Aber so weit kam es dann nicht mehr. Kluge als Gastgeber war eingeweiht und hatte zunächst zugestimmt. Aber im letzten Augenblick verbot er die Ausführung.

Über die Gründe kann nur spekuliert werden. Sicherlich wollte der zögerliche Generalfeldmarschall, der ebenfalls den Eid auf Hitler geleistet hatte, keinen Mord in seiner unmittelbaren Umgebung. Einen Rest von Loyalität hatte er sich bewahrt. Es war außerdem nicht auszuschließen, dass von den Pistolenschüssen neben Hitler auch Unschuldige getroffen werden konnten. Schließlich hatten die Verschwörer vergebens gehofft, dass Hitler vom Reichsführer SS Heinrich Himmler begleitet würde. Sie wollten ihn ebenfalls mit ausschalten. Denn sie fürchteten, sicher mit Recht, dass nach Hitlers Tod Himmler sonst die Macht an sich reißen würde. Der Anschlag wäre dann umsonst gewesen. Schlimmer noch: Es hätte zu einem verheerenden Bürgerkrieg zwischen SS und Wehrmacht kommen können. Einen weiteren und bestimmt nicht den unwichtigsten Grund nennt Philipp von Boeselager im Rückblick: Die »Umsturzplanungen« seien »im Reich noch nicht genügend erarbeitet worden«[70], um nach einem geglückten Attentat Deutschland regieren zu können.

Aber daran dachte an diesem 13. März 1943 niemand mehr. »Bei uns allen war die Enttäuschung nach Hitlers Heimflug groß. Ich spüre in der Erinnerung noch die gespannte Atmosphäre, als Hitler mit seiner Begleitung zu uns in die Baracke kam. Während drinnen in Kluges Arbeitszimmer ›Große Lage‹ war, schlief der widerliche Hitler'sche Leibarzt, Professor Morell, mit offenem Mund in unserem kleinen Wartezimmer, in das wir unangenehme Gäste abschoben. Als die Besprechung zu Ende war und wir dann ins Kasino gingen, wo das

Hitler mit von Kluge auf dem Weg zur Lagebesprechung im Kasino am 13. März 1943.

Attentat geplant gewesen war, war es mir kaum möglich, einen unbeteiligten Eindruck zu machen. Die Spannung war fast unerträglich und dieser Tag ein Tag größter Enttäuschung.«[71]

Trotzdem gab Henning von Tresckow nicht auf. Allerdings war es jetzt noch schwieriger geworden, in die Nähe Hitlers zu gelangen. Der Diktator wusste, in welcher Gefahr er schwebte, und ließ sich von SS-Männern mit schussbereiten Pistolen bewachen. Er fuhr nur in seinem eigenen Wagen, aß nur die von seinem Leibkoch zubereiteten Speisen und soll am Körper kugelsichere Kleidung getragen haben. Tresckow hatte sich deshalb dafür entschieden, falls das Pistolenattentat nicht gelingen würde, einen neuen Versuch mit dem sehr wirkungsvollen englischen Sprengstoff zu unternehmen. An den Sprengstoff heranzukommen, war deshalb möglich, weil er von englischen Flugzeugen über deutschem Gebiet abgeworfen wurde, um eingeschleusten Agenten Sabotageakte zu ermöglichen. Man musste ihn also nur systematisch suchen. Zum Sprengstoff gehörten besonders kunstvoll konstruierte Säurezünder, die gleich mehrere Vorteile boten: Sie ließen sich auf Zeiten zwischen zehn Minuten und zwei Stunden einstellen, sie arbeiteten im Gegensatz zu den deutschen Zündern, die laut tickten, absolut geräuschlos, und sie galten als zuverlässig. »Durch einen einfachen Druck auf den Hals des Zünders«, berichtete Fabian von Schlabrendorff, »wurde eine kleine Flasche zerbrochen. Der Flasche entströmte eine ätzende Flüssigkeit. Diese zerfraß einen Draht, der eine Feder und einen Schlagbolzen hielt. Nach der Zersetzung des Drahtes schnellte der Schlagbolzen nach vorn, entzündete das Zündhütchen, und dieses wiederum entzündete die Sprengladung.«[72] Allerdings waren die Zünder, wie die Versuche der Verschwörer zeigten, kälteempfindlich.

Bereits während des Essens mit Hitler im Kasino der Heeresgruppe Mitte hatte Tresckow mit den Vorbereitungen für ein erneutes Attentat begonnen, bei dem der englische Sprengstoff die Hauptrolle spielen sollte. In einem kleinen Paket waren zwei Ladungen zusammengefügt und mit einem Zünder versehen. Noch am Tisch bat Tresckow einen der engeren Begleiter Hitlers, Oberstleutnant Heinz Brandt, dieses Paket ins Flugzeug mitzunehmen und dem Obersten Hellmuth Stieff im Oberkommando des Heeres in Berlin zukommen zu lassen. Es handele sich um eine Wettschuld, die er mit zwei Flaschen Cognac begleichen wolle, erklärte Tresckow. Schlabrendorff brachte das Paket zum Flugplatz und überreichte es Brandt. Vorher hatte er den Zünder auf dreißig Minuten eingestellt.

»Es war uns bekannt«, erinnerte sich Fabian von Schlabrendorff später, »dass Hitlers Flugzeug eine besondere Sicherung besaß. Es bestand aus mehreren abgeschlossenen Kabinen. Die Kabine Hitlers war gepanzert und besaß eine Vorrichtung, mit deren Hilfe ein unmittelbarer Fallschirmabsprung möglich war. Nach unserer Auffassung musste aber die Sprengladung in der Bombe genügen, um das ganze

Hitler begrüßt die Offiziere am 13. März 1943. V. l. n. r.: Generalfeldmarschall von Kluge, Generale Reinhardt, Model, Heinrici, Weiss, Krebs. Hinter Hitler scheint noch jemand zu stehen.

Flugzeug einschließlich der Panzerkabine zu zerreißen.«[73] Selbst wenn das nicht der Fall gewesen wäre, hätte die Bombe ein großes Loch in die Bordwand gerissen und damit den Absturz herbeigeführt. Die Attentäter waren sich sicher, dass nichts mehr schiefgehen konnte. Aber es kam wieder einmal anders. »Nach mehr als zwei Stunden traf die für uns niederschmetternde Nachricht ein, dass Hitler auf dem Flugplatz Rastenburg in Ostpreußen gelandet sei und sein Hauptquartier erreicht habe. Es bestand kein Zweifel mehr, dass das geplante und so sorgfältig vorbereitete Attentat missglückt war.«[74]

Nun musste alles schnell gehen, damit der wahre Inhalt des Pakets nicht entdeckt würde. Denn Stieff, der Chef der Organisationsabteilung im Generalstab des Heeres, war in die Pläne nicht eingeweiht. Er schloss sich erst später dem aktiven Widerstand an. Tresckow telefonierte mit Brandt, und zum Glück war das Paket noch nicht weiter-

gegeben worden. Es sei zu einer Verwechslung gekommen, sagte Tresckow, und er wolle die Flaschen wieder abholen lassen. Schlabrendorff flog unter einem Vorwand nach Berlin und nahm das Paket in Empfang. »Noch heute spüre ich meine Besorgnis, als mir der Begleiter Hitlers, nicht ahnend, was er in der Hand hielt, lächelnd die Bombe überreichte und dabei das Paket so heftig bewegte, dass ich befürchtete, die Bombe würde noch nachträglich explodieren, da ja die Zündung in Gang gesetzt war. Mit vorgetäuschter Ruhe nahm ich die Bombe an mich und fuhr sofort mit einem Auto nach dem benachbarten Eisenbahnknoten Korschen.«[75] Noch im Zug entschärfte Schlabrendorff die Bombe und bemerkte dabei, dass der Zündmechanismus erst im allerletzten Augenblick versagt hatte. Der Bolzen war noch nach vorne geschlagen. Aber das Zündhütchen hatte nicht funktioniert. Wahrscheinlich war es im Flugzeug zu kalt gewesen, um den englischen Sprengstoff zur Explosion zu bringen.

»Das Misslingen beider Anschläge bedrückte uns schwer«, schrieb Philipp von Boeselager rückblickend.[76] Aber die Verschwörer im Stab der Heeresgruppe Mitte ließen sich davon nicht entmutigen. Schon wenige Tage nach den beiden fehlgeschlagenen Versuchen bot sich eine erneute Möglichkeit, Hitler zu beseitigen – allerdings nur unter Einsatz des eigenen Lebens. Rudolf-Christoph von Gersdorff hatte für die Heeresgruppe Mitte im Berliner Zeughaus eine Ausstellung sowjetischer Beutewaffen vorbereitet. Am 21. März 1943, am »Heldengedenktag«, plante Hitler, die Ausstellung nach einer Feierstunde zu besuchen. Gersdorff wollte sich dabei mit ihm zusammen in die Luft sprengen. Er hatte den Zünder auf die kürzest mögliche Zeit, nämlich zehn Minuten, eingestellt und versuchte, sich »dicht an Hitlers linke Seite« zu drängen. »Als ich Erklärungen zu verschiedenen Ausstellungsstücke abgeben wollte, hörte Hitler offensichtlich gar nicht zu. Stattdessen ging – oder besser gesagt, lief – Hitler auf kürzestem Weg in die Richtung des seitlichen Ausgangs.«[77]

Insgesamt dauerte der Besuch in der Ausstellung nur zwei Minuten. Das war zu kurz, um die Bombe zu zünden. Wieder war Hitler einem Anschlag nur knapp entgangen. Auch die weiteren Versuche von Hauptmann Axel von dem Bussche-Streithorst, von Oberleutnant Ewald-Heinrich von Kleist und von Rittmeister Eberhard von Breitenbuch scheiterten.

»Da dachte man: Verdammt noch mal, da sitzt schon der Teufel drin. Das kann gar nicht mit allen guten Dingen zugehen, dass der Kerl so viel Glück hat«[78], erinnert sich Philipp von Boeselager an die gescheiterten Anschläge, in die ihn Tresckow eingeweiht haben dürfte. Aber es blieb ihm nicht viel Zeit zum Nachdenken. Der Krieg forderte seinen Tribut. Philipp von Boeselager war nach den Attentatsversuchen wieder in die Truppe gewechselt. Und das bedeutete fast täglich Kampfeinsätze.

Attentäter auf Abruf

Henning von Tresckow hatte seine Pläne für einen Umsturz nicht aufgegeben, obwohl die ständigen Rückschläge nicht spurlos an ihm vorübergegangen waren. Er arbeitete weiter an den organisatorischen Strukturen nach dem Attentat, denn mit dem Tod Hitlers allein wäre es nicht getan. Der Staatstreich benötigte ein solides militärisches und politisches Fundament. Aber danach sah es Anfang April 1943 überhaupt nicht mehr aus: Die Gestapo war in das Zentrum des Widerstands in Berlin vorgedrungen, in das Amt Ausland/Abwehr im Oberkommando der Wehrmacht. Admiral Wilhelm Canaris, der Chef des militärischen Geheimdiensts, zählte zu den Gegnern Hitlers, allerdings ohne selbst aktiv zu werden. Er diente einerseits loyal dem nationalsozialistischen Staat und bot andererseits den Verschwörern um seinen Stellvertreter Hans Oster einen relativ sicheren Sammelpunkt.

Als Hans von Dohnanyi und Dietrich Bonhoeffer am 5. April 1943 in ihren Diensträumen im Amt Ausland verhaftet wurden, da geschah das auch nicht wegen ihrer Aktivitäten gegen Hitler, die der Gestapo noch nicht bekannt waren, sondern wegen angeblicher Devisenvergehen. Oster benahm sich bei der Verhaftung so ungeschickt, dass er noch am selben Tag seines Amtes enthoben wurde. »Von nun an war jede Verbindung der Verschwörer mit Oster von erheblichen Risiken belastet«, schreibt der Oster-Biograf Romedio Galeazzo Reichsgraf

Hans Oster

von Thun-Hohenstein. »Durch den Verlust seiner Stellung musste jeder Besuch, jede Kontaktaufnahme seinerseits verdächtig wirken, denn was bis zum 5. April 1943 vom Leiter der Zentralabteilung der Abwehr, Generalmajor Oster, unternommen worden war, ließ sich ohne weiteres mit dienstlichen Notwendigkeiten erklären. Wenn aber der vom Dienst suspendierte Oster allzu auffällige Verbindungen pflegte oder auch bei Dienststellen der Wehrmacht auftauchte, so konnte dies nur das Interesse der Gestapo wecken.«[79] Damit war der »Geschäftsführer des Widerstands« außer Gefecht gesetzt, und Henning von Tresckow hatte einen seiner wichtigsten Verbündeten verloren.

In Berlin gab es aber noch weitere Probleme. Der Befehlshaber des für den Umsturz unentbehrlichen Ersatzheers, Generaloberst Friedrich Fromm, stand einem Attentat ablehnend gegenüber. Er blieb, wie Bodo Scheurig schreibt, ein »egoistischer, genusssüchtiger Opportunist, der nur ›richtig zu liegen‹ trachtete«[80]. Lediglich auf seinen Amtschef Friedrich Olbricht war Verlass.

Die Entwicklungen in Berlin bestärkten Tresckow darin, seine »Verfügungstruppe« in der Heeresgruppe Mitte auszubauen, um sie bei Bedarf in die Hauptstadt bringen zu können. Anfang März 1943 beantragte Kluge bei Stieff als Chef der Organisationsabteilung im Generalstab des Heeres die Erweiterung des Reiterverbands Boeselager zu einem Regiment. Die Genehmigung traf bereits wenige Tage später ein, am 10. März. Die Reiterschwadronen, die sich noch in den Infanteriedivisionen der Heeresgruppe befanden, wurden zusammengezogen und dem Kommando Georg von Boeselagers unterstellt. (Parallel dazu entstanden auch Reiterregimenter bei den Heeresgruppen Nord und Süd.)

Die Schwadronen, die nach und nach im Hauptquartier der Heeresgruppe Mitte eintrafen, entsprachen ganz dem Bild, das Georg von Boeselager während seines ersten Besuchs bei Kluge gezeichnet hatte. »Zustand und Pferdematerial ist so«, berichtete er am 9. April 1943, »dass etwa 2/3 der mit den Reiterschwadronen gekommenen Pferde auch bei Anlegung eines eher milden Maßstabes als truppenuntauglich angesehen werden müssen. Der Zustand von Pferden und Ausrüstung bei allen Schwadronen zeigt deutlich, dass ein Einsatz dieser Schwadronen beritten, ihrer Ausbildung und Ausrüstung entsprechend, nicht mehr möglich war und auch in Zukunft bei den Divisionen nicht mehr möglich gemacht werden konnte.«[81]

Bis Mitte Juni 1943 hatte das Kavallerieregiment Mitte mit achtundsechzig Offizieren, sechs Beamten, 3163 Unteroffizieren und Mannschaften, 716 kosakischen Freiwilligen und 3016 Pferden[82] gerade rund die Hälfte der Planstärke erreicht. Das Regiment bestand aus drei Abteilungen. Die erste leitete Philipp von Boeselager, der unterdessen zum Rittmeister befördert worden war. Dem neu aufgestellten Verband blieb wenig Zeit, um Strukturen zu entwickeln und weitere Kräfte heranzuziehen. Denn fast vom ersten Tag an wurde er als eine Art Elitetruppe zu Spezialeinsätzen herangezogen. Besonders verlustreich entwickelten sich die Kämpfe während der großen deutschen Offensive, die den Decknamen »Unternehmen Zitadelle« erhalten hatte. Bei der Schlacht um Tereben zwischen dem 19. Juli und dem 6. August 1943 wurden die fünf eingesetzten Schwadronen des Kavallerieregiments fast vollständig aufgerieben: »Die 1. Schwadron hatte noch fünfzehn Mann, die 2. noch zwanzig, die 3. noch fünfzehn, die 4. noch fünfundzwanzig und die 9. Schwadron noch 6 Mann.«[83]

Philipp von Boeselager kurz vor seiner 5. Verwundung mit Jan Dirk Hidding.

Philipp von Boeselager hatte die schweren Kämpfe unverletzt überstanden. Aber viele seiner Kameraden waren tot. Auch wenn das Sterben zum Kriegsalltag gehörte, selbstverständlich wurde es nicht. Jeder Tod riss neue Wunden. Es war ein ständiges Abschiednehmen. Niemand konnte vorhersagen, wer morgen noch lebte. Zum intensiveren Nachdenken blieb allerdings, wie Philipp von Boeselager immer wieder betont, keine Zeit. Der Krieg ging weiter und nahm an Heftigkeit sogar noch zu. Am 23. Oktober 1943 wurde Georg von Boeselager durch einen Schuss in den Oberschenkel schwer verletzt. Einen Tag vorher war sein Bruder Philipp verwundet worden. Beide kamen in das Feldlazarett Minsk, wo am 28. Oktober auch Generalfeldmarschall von Kluge eingeliefert wurde. Partisanen hatten ein Gefäß durch die Windschutzscheibe seines Wagens geworfen und ihn so verletzt, dass er sein Kommando aufgeben musste. Den Oberbefehl über die Heeresgruppe Mitte übernahm nun Generalfeldmarschall Ernst Busch, der als obrigkeitshöriger Soldat nicht für den Widerstand zu gewinnen war.

Unter der neuen Führung gelang es Tresckow dennoch, den organisatorischen Aufbau seiner Reitertruppe fortzusetzen. Georg von Boeselager konnte ihm dabei nicht helfen. Sein Gesundheitszustand verschlechterte sich von Tag zu Tag. Im Januar 1944 wurde er zusammen mit seinem Bruder Philipp, der unterdessen zum fünften Mal verwundet war, in das Reservelazarett Münstereifel überführt. Während Philipp schon bald zu seiner Truppe zurückkehren konnte, ging die Genesung von Georg nur langsam voran.

Mitte Februar begann der Aufbau der 3. Kavalleriebrigade, der im Juni weitgehend abgeschlossen war. Die neue Brigade bestand aus den Reiterregimentern 31 und 32. Als Kommandeur des Reiterregiments 31 war Georg von Boeselager vorgesehen; Philipp, unterdessen zum Major ernannt, übernahm die Leitung der Stabsabteilung. Die Briga-

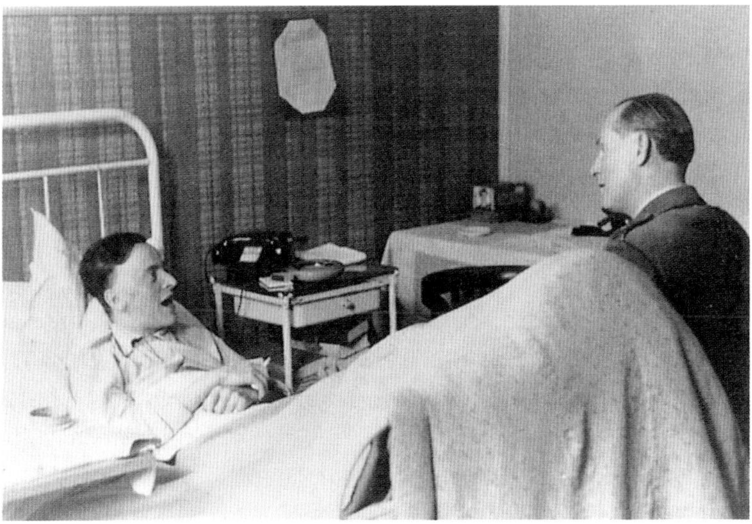

Georg von Boeselager im Lazarett Münstereifel am 17. Februar 1944.

de wurde der Heeresgruppe Mitte zugeteilt. Tresckow war zu diesem Zeitpunkt allerdings nicht mehr im Hauptquartier bei Busch, sondern als Chef des Stabes bei der 2. Armee, die am Südflügel der Heeresgruppe operierte. Im Juni erhielt er seine Beförderung zum Generalmajor. Es gelang ihm, die 3. Kavalleriebrigade zur 2. Armee und damit zu sich zu holen. Er hatte auf diese Weise Georg und Philipp von Boeselager in seiner Nähe. Georg, der noch immer an seiner Verletzung laborierte, beorderte er Mitte Juli 1944 sogar in seinen Stab. Das konnte aber nicht darüber hinwegtäuschen, dass sich durch die Versetzung Tresckows das Kraftzentrum des militärischen Widerstands in der Heeresgruppe Mitte aufgelöst hatte. Das Attentat musste nun von Berlin ausgehen.

Die genauen Pläne für den Staatsstreich lagen unterdessen vor. Dabei hatte ein weiteres Mal der Zufall den Verschwörern in die Hände gearbeitet.

Im Dezember 1941, während des Feldzugs gegen die Sowjetunion, war von der Heeresführung unter dem Decknamen »Walküre« ein Plan ausgearbeitet worden, um die Verluste an der Ostfront durch Reserven aus Deutschland auszugleichen. Am 31. Juli 1943 wurden die Bestimmungen unter maßgeblicher Mithilfe von Olbricht neu gefasst, »um nicht«, so der Widerstandsforscher Peter Hoffmann, »bloß Reserven aus dem Reich holen zu können, sondern um nötigenfalls ›inneren Unruhen‹, wie organisierter Sabotage in großem Ausmaß, etwa durch von außen geleitete oder gar im Reichsgebiet abgesetzte Agententrupps, Herr werden zu können«. Besonders schien sich der Plan gegen den Aufstand »von Millionen von ausländischen, nach Deutschland verschleppten oder ›dienstverpflichteten‹ Arbeitern und Kriegsgefangenen«[84] zu richten.

Die Verschwörer verfolgten aber mit den Bestimmungen ein ganz anderes Ziel. Sie wollten nach dem Attentat und dem Tod Hitlers unter Berufung auf den »Walküre«-Plan von den jeweiligen Wehrkreiskommandanten die notwendige Unterstützung erhalten, um einen (angeblichen) Putsch innerhalb der NSDAP niederzuschlagen. Die Verschwörer hätten dann auf alle in Deutschland stationierten Heereseinheiten zurückgreifen können. »Die Operation Walküre sollte das Regime schützen«, schreibt der Hitler-Biograf Ian Kershaw, »nun wurde sie umgewidmet, um es stürzen.«[85]

Auf den englischen Sprengstoff, der für das Attentat benötigt wurde, konnten die Verschwörer schon lange zurückgreifen. Er kam aus verschiedenen Quellen. Auch Philipp von Boeselager verfügte über eine größere Menge. Denn das Kavallerieregiment Mitte, dem er angehörte, war kurz nach seiner Aufstellung zum »Versuchstruppenteil« erklärt worden, um unter anderem neue Handfeuerwaffen auszuprobieren. Da Boeselager eine Pionierausbildung hinter sich hatte, erhielt seine Abteilung den Auftrag, verschiedene Sprengstoffe in ihrer Wirkung zu vergleichen und zu erproben. Damit hatte nun auch er Zugang zu englischem Sprengstoff und zu den lautlosen englischen Säurezündern. Daran erinnerte sich General Stieff, der Freund Tresckows im Oberkommando des Heeres, im Januar 1944. Er bat Philipp von Boeselager, ihm persönlich einen Teil des Sprengstoffs zu bringen.

»Ich packte den Sprengstoff mit den entsprechenden Zündern in meinen Koffer und flog mit der Kuriermaschine zum OKH. Es war abgemacht, dass Stieff mir einen Offizier mit einem Auto ans Flugzeug schicken würde, da ich wegen meines lädierten Beines den schweren Koffer schlecht schleppen konnte. Als ich aus der Maschine stieg, war kein Mensch da, um mich abzuholen. Also ging ich mühsam mit dem Koffer über den großen Platz. Mehrmals kam ein Gefreiter, um ihn mir abzunehmen. Doch ich traute mich nicht, ihn abzugeben, da ich glaubte, jeder müsse merken, dass er schwerer als ein normaler Koffer war. Als ich über den halben Platz gegangen war, kam schließlich das Auto und brachte mich zu Stieff. Dieser war gerade in einer Besprechung, und ich

Hellmuth Stieff

ging in der Wartezeit in das WOKI, ein Tag und Nacht durchlaufendes Kino im OKH. Es wurde *Das Bad auf der Tenne*, eine Humoreske, gezeigt. Aber ich habe nicht sonderlich auf das Stück achtgegeben, sondern nur immer aufgepasst, dass keiner von den ständig wechselnden Zuschauern an meinen Koffer stieß. Endlich kam jemand und rief mich zu Stieff herein.« Philipp von Boeselager erklärte Stieff die Handhabung der Bomben, vor allem, wie man die Zünder einschraubte und einstellte. Nach etwa fünfundvierzig Minuten verließ er das Büro und flog zurück.

»Nach dem Krieg habe ich das weitere Schicksal meines Koffers erfahren: Stieff fuhr kurze Zeit nach der Kofferübergabe in Urlaub und übergab dem Adjutanten des Generals der Osttruppen, General Köstring, dem damaligen Oberleutnant Hans (›Johnnie‹) Herwarth von Bittenfeld den Koffer zur Aufbewahrung. Er versteckte ihn unter seinem Bett. Köstring und er wohnten damals beide in der ›Jägerhöhe‹ nahe dem OKH. Dies war eine Baracke, in der die banat-deutschen Mädels, die dort putzten, jeden Tag die Zimmer an einer Gangseite reinigten, heute die linke, morgen die rechte. Wenn Herwarths Zimmer geputzt wurde, schob er den Koffer unter Köstrings Bett, der auf der anderen Gangseite wohnte. Am Abend holte er dann wieder den Koffer zu sich. Herwarth hatte Köstring das gesagt, was Stieff ihm bei der Kofferübergabe gesagt hatte: ›Schauen Sie nicht in den Koffer, der Inhalt ist zu heiß!‹ So lag der Koffer längere Zeit unter beiden Betten. Kurz vor dem 20. Juli 1944 erbat sich Stieff den Koffer, nahm einen Teil des Sprengstoffs heraus und gab den Rest Herwarth wieder zur Aufbewahrung.«[86]

Hans Herwarth von Bittenfeld erzählte später, dass er den Koffer direkt nach dem gescheiterten Attentat an der »Jägerhöhe« unter vier Kiefern vergraben hätte. Philipp von Boeselager versuchte zweimal, den vergrabenen Koffer zu finden, allerdings ergebnislos. Trotzdem steht außer Frage, dass er Sprengstoff und Zünder für das Attentat lieferte. Ob beides verwendet wurde, lässt sich heute nicht mehr mit letzter Sicherheit klären.

Für die Verschwörer um Tresckow, Olbricht und Stieff war die Beschaffung des Sprengstoffs offenbar das geringste Problem. Mehr Sorgen bereitete ihnen die unentschiedene Haltung Fromms als Chef des Ersatzheeres. Der »Walküre«-Befehl musste von ihm unterschrieben werden. Aber dazu schien er nur bereit zu sein, wenn Hitler, auf den er seinen Eid geleistet hatte, nicht mehr am Leben wäre. Schon relativ früh zeichnete sich also ab, dass der Erfolg des Staatsstreichs vom Tod Hitlers abhängen würde. Aber für die Verschwörer war es kaum noch möglich, in seine Nähe zu gelangen. Es musste jemand gefunden werden, der uneingeschränkten Zugang zu den Besprechungen im Führerhauptquartier hatte, also nicht Gefahr lief, von Wachtposten aufgehalten oder durchsucht zu werden. Henning von Tresckow konnte das nicht sein. Er war im November 1943 zur 2. Armee versetzt worden und vermochte die Widerstandsaktivitäten in Deutschland nur noch ganz begrenzt zu beeinflussen.

Seine Nachfolge als Koordinator und Motor der militärischen Verschwörung trat ein Mann an, der auch bei der zivilen Opposition hohes Ansehen genoss: Claus Schenk Graf von Stauffenberg.

Der 1907 geborene Sohn einer schwäbischen Adelsfamilie hatte nach dem Abitur die Offizierslaufbahn eingeschlagen, nicht zuletzt, weil er deutsch-national dachte und sich für sein Vaterland einsetzen wollte. Seine Karriere verlief gradlinig. Er wurde von seinen Vorgesetzten regelmäßig glänzend beurteilt und rasch befördert. Für den Patrioten stand Deutschland an erster Stelle. Außerdem hatte er seinen Fahneneid auf Hitler geleistet. Und daran fühlte er sich lange gebunden. Trotzdem kritisierte er schon als junger Soldat das nationalsozialistische Regime und machte sich nach dem sogenannten Röhm-Putsch erste Gedanken, wie die Hitlerdiktatur beseitigt werden könnte. Zum aktiven Widerstand fand er allerdings spät, erst nachdem er nicht ohne Begeisterung in Polen und Frankreich gekämpft hatte.

Die Wende brachte für ihn, wie für viele seiner Offizierskameraden, der Russlandfeldzug. Spätestens im Sommer 1942 wurde ihm bewusst, dass der Krieg gegen die Sowjetunion nicht mehr zu gewinnen war. Mit Entsetzen registrierte er, wie die Verschwörer um Henning von Tresckow, die Verbrechen gegen die Juden und gegen die russische Bevölkerung. Er sah, dass die Generäle nichts dagegen unternahmen und sich fast bedingungslos ihrem »Führer« unterwarfen, der mit seinen nicht mehr nachvollziehbaren Entscheidungen Tausende von Soldaten in den sicheren Tod schickte. Das brachte ihn mit Tresckow und den anderen Verschwörern zusammen, die von seinem Mut, seiner Entschlossenheit und seiner Opferbereitschaft beeindruckt waren.

Im Februar 1943 wurde Stauffenberg nach Tunesien abkommandiert, wo er bei einem Fliegerangriff ein Auge, seine rechte Hand sowie zwei Finger seiner linken Hand verlor. Das hinderte ihn später daran, beim Attentat im Führerhauptquartier auch die zweite Bombe in der zur Verfügung stehenden Zeit scharf zu machen. So blieb es bei einem Sprengsatz, der nicht die nötige Wucht entwickeln konnte.

Anfang September 1943 trafen sich Stauffenberg und Tresckow in Berlin. Es wurde immer deutlicher, dass nur Stauffenberg der geeignete Mann war, um Hitler zu ermorden.

Die verschiedenen Gruppierungen des zivilen und des militärischen Widerstands agierten schon lange nicht mehr getrennt voneinander.

Ein wichtiger Ort für die Opposition war das Gut Kreisau der Familie von Moltke in Niederschlesien. In Berlin hatte sich schon 1940

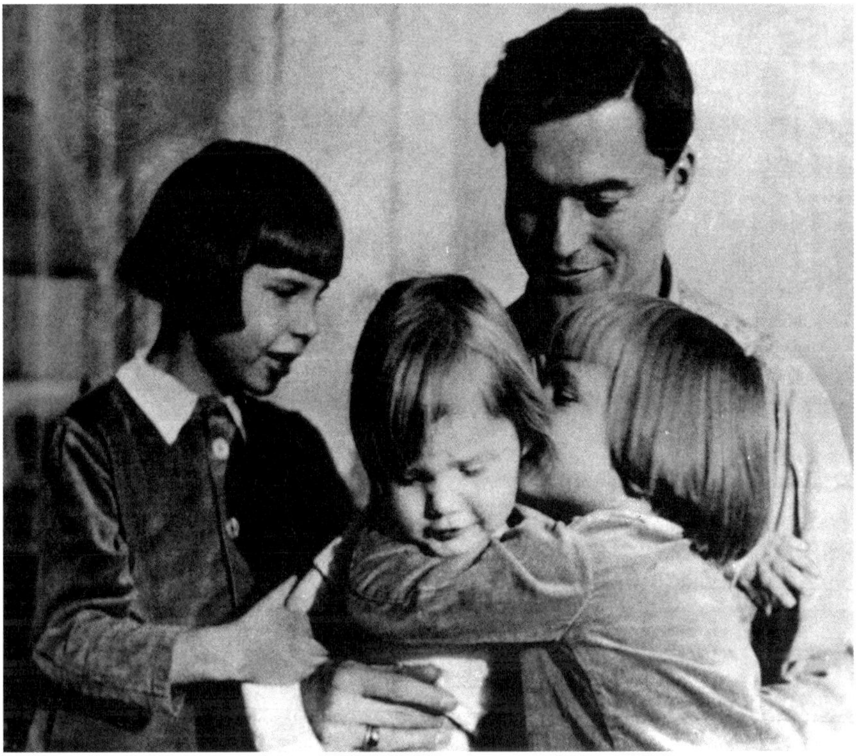

Claus Schenk Graf von Stauffenberg mit seinen Kindern Berthold, Heimeran und Franz Ludwig.

ein Freundeskreis um Hellmuth James Graf von Moltke, seine Frau Freya und Peter Graf Yorck von Wartenburg gebildet, der sich ständig erweiterte. In Kreisau trafen sich bei drei Zusammenkünften hohe Militärs und Beamte, Sozialisten und Konservative, Theologen und Geistliche, Politiker und Wissenschaftler, Gewerkschafter und Kommunisten, darunter die Sozialdemokraten Adolf Reichwein, Carlo Mierendorff und Julius Leber, der Jesuit Alfred Delp, die Diplomaten Hans Bernd von Haeften und Adam von Trott zu Solz sowie der Theologe Eugen Gerstenmaier. Über Fritz-Dietlof Graf von der Schulenburg, den früheren Regierungspräsidenten in Breslau, wurde der Kontakt zum – von einigen mit Skepsis beobachteten – national-konservativen Lager gehalten, das Carl Goerdeler und der 1938 zurückgetretene Chef des Generalstabs, Ludwig Beck, repräsentierten. Sie alle einte der Kampf gegen Hitler und den Nationalsozialismus. Dass Hitler beseitigt werden musste, um eine Neuordnung in Deutschland zu erreichen, war Konsens. Allerdings gingen die Meinungen, ob das auch Mord bedeuten musste, weit auseinander. Der Gastgeber, Helmuth James Graf von Moltke, lehnte lange Zeit ein Attentat ab. Er war dafür, Hitler festzunehmen und vor ein Gericht zu stellen. Gerade die Oppositionellen, die ein christliches Fundament hatten, scheuten davor zurück, einen Menschen zu töten.

Eine weitgehende Übereinstimmung konnten die Kreisauer dagegen in einigen anderen zentralen Fragen erzielen. »Im Vordergrund der Planungen«, so der Historiker Hermann Weiß, »stand die Erneuerung des Staates, sein Verhältnis zum Individuum, zu Wirtschaft und Arbeitswelt und zu den Kirchen. Das Bild vom Staat entsprach im Grunde dem genauen Gegenbild des nationalsozialistischen Unrechtsstaates, auch wenn man betonte, dass die Entpersönlichung des Menschen in der modernen liberalen Massengesellschaft durch seine Einbindung in das historisch gewachsene Volk aufgefangen werden müsse. Die Länder sollten unter Auflösung Preußens und Bayerns den alten deutschen Stämmen und Landschaften entsprechen, Deutschland in einen europäischen Bundesstaat eingebunden werden. Voraussetzung für diesen Europastaat, der übrigens Russland ausgliederte, war die Verständigung mit Frankreich und Polen.

Staatliche Lenkung zum Schutz vor ungesunden gesellschaftlichen Entwicklungen, aber auch von Lohn und Preis war vorgesehen. Zentrale Gewerkschaften blieben umstritten. Als Voraussetzung für die Mitarbeit des Volkes am politischen Leben betrachtete man eine entsprechende Erziehung und Bildung, die man unter anderem durch Zu-

Schloss Kreisau heute, eine polnisch-deutsche Begegnungsstätte.

rückdrängung des staatlichen Einflusses, durch Verstärkung der Elternrechte und des Erziehungsauftrags der Kirchen erreichen wollte. Prägende Grundlage aller kulturellen Formen war das Christentum.«[87]

Im Detail gingen die Meinungen allerdings stark auseinander. Der Opposition gelang es zu keiner Zeit, ein geschlossenes politisches Konzept für die Zeit nach Hitler zu entwickeln. Besonders umstritten war, wie die ideale Staatsform aussehen sollte.

Auch Claus Schenk Graf von Stauffenberg, der zwar nicht zu den Kreisauern gehörte, aber ständigen Kontakt mit ihnen hielt, formulierte zusammen mit seinem Bruder Berthold und seinem Freund Rudolf Fahrner eine Art Eid, in dem er die Grundprinzipien seines ständestaatlichen Denkens festhielt:

»Wir wollen eine Neue Ordnung, die alle Deutschen zu Trägern des Staates macht und ihnen Recht und Gerechtigkeit verbürgt, verachten aber die Gleichheitslüge und beugen uns vor den naturgegebenen Rängen. Wir wollen ein Volk, das in der Erde der Heimat verwurzelt, den natürlichen Mächten nahe bleibt, das im Wirken in den gegebenen Lebenskreisen sein Glück und sein Genüge findet und in freiem Stolze die niederen Triebe des Neides und der Missgunst überwindet. Wir wollen Führende, die aus allen Schichten des Volkes wachsend, verbunden den göttlichen Mächten, durch großen Sinn, Zucht und Opfer den anderen vorangehen.«[88]

Dieser »Eid« wurde nur wenige Tage vor dem 20. Juli 1944 formuliert. Stauffenberg war bereit, das Attentat auf Hitler selbst auszuführen. Die Sorge, ob es angesichts der hoffnungslosen Kriegslage überhaupt noch Sinn haben würde, den Diktator zu stürzen, um mit den Alliierten aussichtsreicher verhandeln zu können, hatte ihm Henning von Tresckow genommen, als er zu ihm sagte: »Das Attentat muss erfolgen, um jeden Preis. Sollte es nicht gelingen, so muss trotzdem der Staatsstreich versucht werden. Denn es kommt nicht mehr auf einen praktischen Zweck an, sondern darauf, dass die deutsche Widerstandsbewegung vor der Welt und vor der Geschichte unter Einsatz des Lebens den entscheidenden Wurf gewagt hat.«[89]

Die Zeit drängte. Mit jedem Tag des aussichtslosen Kämpfens an den Fronten starben Tausende von Soldaten. Am 2. Juli 1944 war Stauffenberg zum Chef des Stabes beim Befehlshaber des Ersatzheeres, Generaloberst Friedrich Fromm, ernannt worden. Er hatte damit Zugriff auf die für den Umsturz wichtigen Truppen der Wehrkreiskommandos und durfte an den Lagebesprechungen im »Führerhauptquartier« teilnehmen. Unterdessen war es der Gestapo gelungen, in den inneren Zirkel der Verschwörer einzudringen. Helmuth James Graf von Moltke war bereits Ende Januar 1944 verhaftet worden, Adolf Reichwein und Julius Leber wurden festgenommen, als sie sich mit Vertretern des kommunistischen Widerstands treffen wollten. Zwar war das konspirative Netzwerk so organisiert, dass die Verschwörer immer nur einen kleinen Kreis ihrer Mitverschwörer kannten, aber es musste trotzdem befürchtet werden, dass die Verhafteten unter Folter weitere Namen preisgaben. Stauffenberg und die Widerstandsgruppen in Berlin entschlossen sich deshalb, möglichst rasch zu handeln. Nach den missglückten Attentatsversuchen sollte nun der Anschlag im Führerhauptquartier selbst um jeden Preis gelingen.

Eine Schlüsselrolle hätte dabei noch einmal Generalfeldmarschall Günther von Kluge spielen können. Er war am 2. Juli 1944 zum Oberbefehlshaber West ernannt worden. Tresckow glaubte noch immer, ihn für einen Staatsstreich gewinnen zu können. Allerdings war es ihm nicht möglich, selbst nach Paris zu fliegen. Dafür fehlte ihm eine plausible Begründung. Anders sah es bei Georg von Boeselager aus. Zusammen mit seinem Bruder Philipp unterhielt er ein Rennpferd, das sie »Lord Wagram« nannten. Das war für Kavallerieoffiziere nichts Ungewöhnliches. Philipp von Boeselager berichtet, dass es damals eine Dienstvorschrift gab, die »Eichenlaubträgern« erlaubte, ihre Pferde bei Rennen einzusetzen und auch laufen zu sehen. Georg gehörte zu dieser Gruppe. So wurde »Lord Wagram« in einem Eisenbahnwaggon zusammen mit seinem Pferdepfleger nach Paris geschafft. Georg von Boeselager folgte seinem Pferd am 7. Juli 1944 im Flugzeug. Das Rennen in Longchamps, Bois de Boulogne, interessierte ihn dann allerdings nicht. Er traf sich heimlich mit Kluge und versuchte ihn zu überreden, nach dem geglückten Attentat die Front im Westen zu öffnen und damit zu kapitulieren. Aber Kluge schreckte noch einmal vor dem entscheidenden Schritt zurück. Nach der erfolgreichen Landung der Alliierten in der Normandie, so der Generalfeldmarschall, sei für ihn die Westfront sowieso nicht mehr zu halten. Besonderer Aktionen von seiner Seite bedürfe es da nicht. Georg von Boeselager musste unverrichteter Dinge zurückkehren. Der angestrebte Separatfrieden in Westen war so nicht möglich.

Am 19. August 1944 beging Kluge Selbstmord, nachdem ihn Hitler zwei Tage zuvor vor allem wegen vermeintlicher militärischer Fehler seines Kommandos enthoben hatte. Kluge musste fürchten, dass seine intensiven Kontakte zu den Verschwörern bekannt würden. Er hinterließ einen Abschiedsbrief an Hitler, in dem er den Diktator einerseits beschwor, »einen fortan hoffnungslosen Kampf zu beenden«. Andererseits betonte er, wie sehr er seinen »Führer« bewundert und wie nah er ihm immer gestanden habe, »viel näher, als Sie wohl geahnt haben«[90].

Ob er diese Formulierung gewählt hatte, um nach dem gescheiterten Attentat jeden Verdacht von sich zu weisen und seine Familie damit vor Sippenhaft zu schützen, lässt sich nicht mehr ermitteln. Die Angst vor der Sippenhaft war allzu berechtigt. Denn schon seit dem Beginn der NS-Diktatur und verstärkt nach dem 20. Juli 1944 wurden Familienangehörige von Verdächtigten oder Verurteilten mit dem Verlust des Vermögens und der Freiheit, in Ausnahmefällen sogar mit dem Tod bestraft, ohne dass sie sich in irgendeiner Weise schuldig gemacht hatten. Das wollte Kluge mit seinem Brief vielleicht verhindern. Zu einem aktiven und mutigen Gegner Hitlers ist er nicht geworden. Tresckow hatte umsonst seine Hoffnungen auf ihn gesetzt. Aber auch die Verweigerung Kluges konnte die Verschwörer nicht davon abbringen, Hitler zum nächstmöglichen Zeitpunkt in die Luft zu sprengen.

Am Morgen des 20. Juli 1944 flog Claus Schenk Graf von Stauffenberg von Berlin in Hitlers Hauptquartier »Wolfsschanze« bei Rastenburg in Ostpreußen. Der von der Wehrmachtsspitze geschätzte Generalstabsoffizier sollte seine Überlegungen vortragen, wie das weitere Vordringen der Roten Armee in Ostpreußen und Polen gestoppt werden könnte. Da er zu den wenigen gehörte, die Zugang zu dem stark gesicherten Gelände hatten, konnte er die Sperrkreise ohne Schwierigkeiten passieren. In seiner Tasche hatte er zwei Sprengladungen mit den entsprechenden Zündern. Obwohl Göring und Himmler nicht anwesend waren, setzte Stauffenberg zusammen mit seinem Ordonnanzoffizier, Oberleutnant Werner von Haeften, den Zünder in Gang. Durch seine Behinderung, die das Schärfen der Bombe verzögerte, und weil er von einem Oberfeldwebel gestört wurde, der nach ihm suchte, konnte Stauffenberg nur die Hälfte der Sprengladung mit einem Zünder versehen. Die andere Hälfte behielt Haeften. Die Aktentasche mit der Bombe platzierte Stauffenberg in der Nähe Hitlers unter dem großen Kartentisch in der Besprechungsbaracke. Unter dem Vorwand, noch telefonieren zu müssen, verließ er den Raum kurz vor seinem Vortrag. Wenig später, etwa um 12.45 Uhr, detonierte die Bombe. Die Explosion war aber zu schwach, um Hitler zu töten. Er wurde nur leicht verletzt. Stauffenberg sah von außen die gewaltige Rauchsäule und glaubte fest, dass Hitler und die meisten Konferenzteilnehmer tot seien.

Adolf Hitler und Benito Mussolini nach dem gescheiterten Attentat bei der Besichtigung der zerstörten Baracke im Führerhauptquartier.

Roland Freisler

Stauffenberg und Haeften gelang es, trotz des sofort ausgelösten Alarms, die »Wolfsschanze« zu verlassen und nach Berlin zu fliegen. Dort warteten die Mitverschwörer um General Olbricht und Oberst Albrecht Mertz von Quirnheim auf ihn. Bis zum Eintreffen Stauffenbergs hatten sie noch kaum etwas unternommen. So wurden wertvolle vier Stunden verloren. Stauffenberg ließ seinen Vorgesetzten Fromm, der sich dem Staatsstreich nicht anschließen wollte, im Bendlerblock, dem Sitz des Oberkommandos des Heeres, verhaften und durch Generaloberst Erich Hoepner ersetzen. Die militärische Führung übernahmen Generaloberst Beck, der schon 1938 zu den Verschwörern gehört hatte, und Generalfeldmarschall Erwin von Witzleben. Aber es war bereits zu spät. Obwohl Stauffenberg immer wieder versicherte, Hitler sei tot, waren die Zweifel in den Wehrkreisen und bei den anderen Dienststellen so stark, dass sie sich zunächst gar nicht oder nur zögernd den Verschwörern anschlossen.

Eine Schlüsselrolle beim Scheitern des Putsches nahm der Kommandeur des Berliner Wachbataillons, Major Otto Ernst Remer, ein. Da es den Verschwörern nicht gelungen war, alle Telefonleitungen aus der »Wolfsschanze« zu kappen, konnte Hitler mit ihm sprechen und ihn davon überzeugen, dass er den Anschlag weitgehend unverletzt überstanden hatte. Remer weigerte sich danach, die Befehle aus dem Bendlerblock auszuführen, und marschierte sogar gegen die Aufständischen.

Es sprach sich rasch herum, dass Hitler das Attentat überlebt hatte. Bald meldete es auch der Rundfunk, den die Verschwörer nicht hatten ausschalten können. Das Wachbataillon und Offiziere aus den Generalstäben, die ihren Eid auf Hitler geleistet hatten, gingen jetzt im Bendlerblock gegen die Verschwörer vor. Die Unterstützung aus den Wehrkreisen blieb für sie aus. Lediglich in Prag, Wien und Paris wurden SS-Führer verhaftet. In Berlin selbst waren sie schon nach kurzer Zeit in der Defensive. Niemand aus dem Widerstand hatte mit einer solchen Entwicklung gerechnet. Philipp von Boeselager war mit seinen 1200 Soldaten noch auf dem Weg nach Berlin, als er von dem Scheitern des Staatsstreichs erfuhr.

Schon um Mitternacht war Fromm befreit – und hatte seinerseits die Anführer des Staatsstreichs verhaftet. Noch in der Nacht wurden Stauffenberg, Olbricht, Mertz von Quirnheim, Beck und Haeften im Bendlerblock erschossen.

Nach der Niederschlagung begann eine beispiellose Verhaftungswelle. Rund siebenhundert Verdächtige wurden in Gefängnisse gesperrt, viele sogar ohne Prozess standrechtlich hingerichtet. Einige entzogen sich ihren Verfolgern durch Selbstmord. Henning von Tresckow tötete sich einen Tag nach dem missglückten Attentat. Am 7. August 1944 begannen vor dem Volksgerichtshof die Schauprozesse gegen führende Verschwörer. Von einem rechtsstaatlichen Verfahren konnte keine Rede sein. Ein fanatisch agierender Roland Freisler als Gerichtspräsident hatte vor allem ein Ziel: die Angeklagten zu demütigen und ihnen ihre Ehre zu nehmen.

Die Todesurteile hatten schon vor Prozessbeginn festgestanden. Insgesamt wurden mindestens hundertachtzig Angehörige des Widerstands hingerichtet. Aber Hitlers Rachegelüste waren damit noch nicht befriedigt. In der vom Reichssicherheitshauptamt (RSHA) ausgelösten Verfolgungsaktion »Gewitter« wurde über die Angehörigen der Attentäter die Sippenhaft verhängt. Die Ehefrauen und Kinder, die oft nicht einmal geahnt hatten, dass ihre Männer beziehungsweise Väter im Widerstand aktiv gewesen waren, wurden getrennt und landeten in

Gefängnissen und Konzentrationslagern. Die Kinder wurden, ohne Kontakt zu ihren Müttern, in Heimen untergebracht. Erst nach Kriegsende und nicht ohne Mühe fanden sich die Mütter und Kinder wieder.

Mit dem Attentat vom 20. Juli 1944 und der sich anschließenden vollständigen Zerschlagung des militärischen und zivilen Widerstands waren alle Versuche gescheitert, Hitler zu beseitigen und so vielleicht zu einem früheren Ende des Krieges zu kommen.

Ohne Hoffnung

Die Wochen und Monate nach dem Staatsstreich waren für Philipp von Boeselager eine Zeit großer Hoffnungslosigkeit. Er spürte, »dass alles umsonst gewesen war«[91]. Deutschland lag in Trümmern, und der Krieg war verloren, auch wenn er sich noch lange mit unerbittlicher Härte hinziehen würde. Die Wehrmacht hatte jeden Einfluss auf Hitler verloren. An einen Friedensschluss war nicht mehr zu denken. Der Diktator ließ jeden Quadratmeter blutig verteidigen. Jeden Tag starben Tausende von Soldaten und Zivilisten. In den Vernichtungslagern und Gefängnissen ging das Morden ungehindert weiter. Aber ein weiteres Attentat auf Hitler war ausgeschlossen. Hilfe konnte nur aus dem Ausland kommen, von den Alliierten und ihren Truppen. Für einen deutschen Offizier wie Philipp von Boeselager war das eine entsetzliche Vorstellung. Er musste weiterkämpfen, um vor allem im Osten die eigenen Landsleute zu schützen. Aber gleichzeitig verlängerte er durch seinen Einsatz die Herrschaft Hitlers. Philipp von Boeselager erkannte die Zwickmühle, in die er geraten war. Er zweifelte aber keinen Tag daran, dass sein Verbleiben bei der Truppe moralisch gerechtfertigt war.

Zudem lebte er seit dem 20. Juli 1944 in der ständigen Angst, entdeckt zu werden. Auch Hans-Ulrich von Oertzen und Hans-Alexander von Voss hatten sich selbst getötet. Die anderen Verschwörer aus

Zwei Wochen nach dem Attentat wartet Philipp von Boeselager mit Kameraden auf den Kommandeur, der sich zu einer Besprechung angesagt hat.

dem Kreis um Tresckow waren hingerichtet worden oder warteten auf ihre Prozesse vor dem Volksgerichtshof. Hellmuth Stieff war noch in der Nacht des 20. Juli von der Gestapo in Ostpreußen verhaftet worden. Vor seiner Hinrichtung wurde er im Gefängnis schwer misshandelt, aber er nannte auch unter Folter keine Namen von weiteren Mitverschwörern. Ähnlich verhielt sich Fabian von Schlabrendorff. Leicht hätte er die Beteiligung von Georg und Philipp von Boeselager an dem Staatsstreichversuch verraten können. Aber er blieb standhaft, trotz schwerer körperlicher und seelischer Misshandlungen.

»Während der später folgenden Vernehmungen bemerkte ich«, so Fabian von Schlabrendorff, »dass der Gestapo an einem Geständnis meiner Mittäterschaft verhältnismäßig wenig lag. Worauf es ihr ankam, war etwas anderes. Man wollte von mir die Namen der Mitverschworenen hören. Es bestand also die Absicht, durch mich einen möglichst großen Kreis von Antinazis kennenzulernen und zu vernichten. Das Geständnis meiner eigenen Mittäterschaft sollte nur die Vorstufe dazu sein. Als ich dabei beharrte, die Mittäterschaft zu leugnen, legte man mir verschiedene Namen vor, deren Träger ich entweder zu kennen leugnete oder deren antihitlerische Einstellung und Betätigung ich bestritt. So war meine Vernehmung bald an einem toten Punkt angelangt.«[92] Obwohl ihm die Gestapo zu keinem Geständnis bringen konnte, blieb er bis Kriegsende in Haft.

Philipp von Boeselager wusste, in welcher Gefahr er schwebte. Jederzeit konnte einer der Mitverschwörer unter den Qualen der Folter seinen Namen nennen. Dafür hatte er Vorsorge getroffen. Er wollte sich nicht verhaften lassen. In der offenen Brusttasche trug er immer eine Zyankalikapsel bei sich, die er von Kluge bekommen hatte. Wäre er damals, als Ordonnanzoffizier der Heeresgruppe, in die Hände von sowjetischen Soldaten geraten, dann hätte er sich damit das Leben genommen, um keine militärischen Geheimnisse verraten zu können. Nun sollte das Gift dazu dienen, ihn vor der Folter zu bewahren.

Mehr Angst als vor dem eigenen Tod hatte Philipp von Boeselager um seine Familie. Seine Eltern wussten nichts davon, dass er zu den Attentätern gegen Hitler gehörte. »Es war mir klar«, erinnert er sich, »wenn sie mich oder meinen Bruder schnappen würden, dass die Familie enteignet würde, dass sie ins KZ käme und dass wahrscheinlich auch einige umgebracht würden. Ich habe einmal im Urlaub bei meinem Vater eine Andeutung gemacht, jetzt müsste eigentlich der Hitler verschwinden. Und wenn man etwas dazu tun könnte, dann sollte man das tun. Da hat mein Vater genickt. Ich habe ihm nicht gesagt, dass wir beteiligt waren. Sonst hätte ihn das nur belastet. Er konnte ja nichts tun. Er konnte mir weder helfen, noch konnte er es verhindern. Aber ich wollte wissen, wie er grundsätzlich eingestellt war. Und dadurch,

Philipps Vater am Grab seines Sohnes Georg.

dass er genickt hatte, war ich sicher, dass er versteht, was ich tue.«[93] Die Sorge um seine Familie, um seine Eltern und seine Geschwister, belastete ihn sehr. Er musste auf das Schicksal vertrauen – und auf die Standhaftigkeit seiner verhafteten Mitverschwörer. Ihm selbst waren die Hände gebunden. Er stand mitten in den Abwehrkämpfen an der Ostfront.

Zwischen Mitte und Ende Juli 1944 hatte Georg von Boeselager das Kommando über die 3. Kavalleriebrigade übernommen. Schon wenig später, am 8. August 1944, wurde Philipp zur 4. Kavalleriebrigade versetzt. Er sollte dort das Reiterregiment 41 führen, dessen Kommandeur schwer verwundet worden war. Damit trennten sich die Weg der Brüder. Beide waren mit ihren Soldaten in schwere Gefechte verwickelt, die zahlreiche Opfer kosteten. Auch Georg von Boeselager verlor dabei sein Leben. Am 27. August 1944 wurde er von einer Maschinengewehrsalve getroffen. Philipp hatte nach Antonius (Tonio) und Wilderich, die bereits 1941 als Kavallerieoffiziere gefallen waren, seinen dritten Bruder verloren. Dieser Tod schmerzte ihn besonders.

Wie sehr Georg von Boeselager als Soldat und Kommandeur von seinen Vorgesetzten geschätzt wurde, machte eine Ergänzung zu dem über Radio und Zeitungen verbreiteten Wehrmachtsbericht vom 1. September 1944 deutlich: »In den schweren Abwehrkämpfen zwischen Bug und Narew hat sich die 3. Kavalleriebrigade durch unermüdlichen Angriffsschwung und Härte in der Abwehr ausgezeichnet. An ihrer Spitze fand der bereits Anfang 1942 mit dem Eichenlaub zum Ritterkreuz ausgezeichnete achtundzwanzigjährige Brigadekommandeur Oberstleutnant Freiherr von Boeselager den Heldentod. Sein im gleichen Frontabschnitt kämpfender Bruder, Ritterkreuzträger Major Freiherr von Boeselager, hat sich erneut durch höchste Tapferkeit hervorgetan.«[94]

Posthum wurde Georg von Boeselager zum Oberst befördert und mit dem »Eichenlaub mit Schwertern« ausgezeichnet. Die Erwähnung im Wehrmachtsbericht und die zusätzlichen Ehrungen signalisierten, dass die Gestapo noch keinen Verdacht geschöpft hatte. Ein weiteres Indiz dafür war die Versetzung Philipp von Boeselagers in das Oberkommando des Heeres am 25. September 1944. Als »Sachbearbeiter für Kavallerie« beim General der Infanterie war er für die Ausbildung und Ausrüstung der ihm zugeordneten Truppeneinheiten zuständig. Unterdessen hatten die Kavalleriebrigaden 3 und 4 den Status von Divisionen erhalten.

Das offene Wort, das früher in den Generalstäben gepflegt worden war, wagte im Oberkommando des Heeres niemand mehr. Stattdessen herrschte Angst vor Denunziation und Bespitzelung. Philipp von Boeselager fühlte sich in diesem Umfeld nicht wohl, und er unternahm zahlreiche Inspektionsreisen an die verschiedenen Fronten. Als sich abzeichnete, dass die sowjetischen Truppen rasch auf die deutsche Grenze vorrücken würden, gelang es ihm, die Kavalleriedivisionen 3 und 4 aus Ostpreußen nach Ungarn zu verlegen. Kurz vor Kriegsende wechselte er aus dem fast eingeschlossenen Berlin zu der 3. Kavalleriedivision, die zwischen dem Plattensee und der Steiermark lag. Er übernahm das Kommando über das Kavallerieregiment 31, das aus seiner früheren Einheit in der Heeresgruppe Mitte hervorgegangen war.

Mit seinen Soldaten trat er den Heimmarsch nach Deutschland an, um nicht in die Hände der sowjetischen Truppen zu geraten. Beim Ritt über die Mur warf er die Zyankalikapsel in den Fluss. Bis zu diesem Tag hatte er sie bei sich getragen. Militärisch korrekt und unter den

Augen von englischen Soldaten fand auf einer Alm am Tauernpass die Abschiedsparade statt. Anekdotenreich sind die Schilderungen des Rückmarschs, der für die meisten Beteiligten glücklich endete. In voller Uniform und mit seinen beiden Pferden kam Philipp von Boeselager, wenige Tage nach Kriegsende, in Heimerzheim an.

Späte Ehrung

Am Ende des Zweiten Weltkriegs war Philipp von Boeselager noch nicht einmal achtundzwanzig Jahre alt. Zu Hause gab es jetzt genug zu tun. Er studierte Jura und Volkswirtschaft an der Bonner Universität, als ehemaliger »Ritterkreuzträger« wurde er aber bald von den Vorlesungen ausgeschlossen (die er trotzdem heimlich weiterhörte). Erst als der zuständige Education Officer in Erfahrung gebracht hatte, dass er an dem Attentat gegen Hitler beteiligt gewesen war, konnte er ungehindert weiterstudieren.

Über die Zeit im Widerstand sprach er selbst nicht. Seiner Frau, Rosa Maria Gräfin von Westphalen zu Fürstenberg, erzählte er erst nach der Hochzeit davon, die 1948 stattfand. »Es spielte bei mir keine Rolle«, sagt er heute, »weil ich versuchte, das zu vergessen. Es war eine schreckliche, eine interessante und eine prägende Zeit in meinem Leben. Aber sie war abgeschlossen.«[95] Hinzu kam, dass die meisten Menschen in der jungen Bundesrepublik noch kein demokratisches Bewusstsein ausgeprägt hatten. Zu kurz lag die Diktatur zurück, und zu präsent war die Ideologie, die zwölf Jahre lang das Leben in Deutschland bestimmt hatte. In den Augen vieler waren die Widerstandskämpfer »Volksverräter«.

Emmi Bonhoeffer, die Witwe des sozialdemokratischen Widerstandskämpfers Klaus Bonhoeffer, fasste die Missachtung und Diskriminierung ihrer Familie nach dem Krieg in dem Satz zusammen: »Wir waren für sie die Leute, die auf der anderen Seite gestanden hatten.« Und sie erzählte die Geschichte ihrer Tochter, die nach Eutin in die Schule ging. »Sie hatte ihren Zug verpasst und fuhr per Anhalter. Da hat der Fahrer sie gefragt, wo denn ihr Vater sei, und da hat sie geantwortet, ihr Vater lebe nicht mehr. ›Ja, ist er im Krieg gefallen?‹ – ›Nein, er ist nicht im Krieg gefallen‹, sagte Cornelie. ›Er ist von den Nazis umgebracht worden, weil er gegen Hitler gearbeitet hat.‹ – ›Armes Verräterkind!‹, hat da der Fahrer gesagt.«[96]

Von ähnlichen Erlebnissen berichteten auch andere Frauen, deren Männer zum Widerstand gegen Hitler gehört hatten. Noch 1952 beschimpfte Otto Ernst Remer, der sich um die Niederschlagung des Aufstands vom 20. Juli 1944 »verdient« gemacht hatte, die Attentäter öffentlich als »Landesverräter«. Remer gehörte zu den Funktionären der bald verbotenen Sozialistischen Reichspartei, die auf die Stimmen von früheren NSDAP-Mitgliedern hoffte. Aber nicht nur unverbesserliche Altnazis demütigten die Witwen und Kinder der Hitlergegner. Auch der Amtsschimmel leistete seinen Beitrag. Während die Witwe des Blutrichters Roland Freisler eine Opferrente für ihren bei einem alliierten Bombenangriff gestorbenen Mann geltend machen konnte, mussten die Witwen der Männer, die Freisler zum Tod verurteilt hatte, verzweifelt um ihre Pensionen kämpfen.

Die deutschen Nachkriegsbürokraten gruben ein Gesetz aus, wonach sich ein Beamter (und damit auch ehemalige Berufssoldaten) keines »Verbrechens« schuldig gemacht haben durfte, um seinen Pensionsanspruch zu wahren. Die Attentäter hatten aber einem Massenmörder nach dem Leben getrachtet und waren dafür rechtskräftig verurteilt worden. Nach der Legitimität des Volksgerichtshofs fragte noch niemand. Laut Beamtenrecht waren die Hitlergegner damals noch »Verbrecher«, und ihre Witwen durften auf keine staatliche Unterstützung hoffen. Erst durch den Einsatz von Eugen Gerstenmaier änderte sich das. Der Theologe und Politiker, seit 1954 Bundestagspräsident, war noch am Abend des 20. Juli 1944 zusammen mit anderen Verschwörern in der Bendlerstraße verhaftet worden. Er hatte zusammen mit Helmuth James Graf von Moltke und Pater Alfred Delp in den Todeszellen von Berlin-Tegel gesessen. Ihm und Bundespräsident Theodor Heuss, der am 19. Juli 1954, zur »10. Wiederkehr des 20. Juli«, in Berlin eine mutige Rede hielt, ist es zu verdanken, dass der Widerstand gegen Hitler ins öffentliche Bewusstsein rückte und nicht mehr abwertend beurteilt wurde. Angesichts der nationalsozialistischen Verbrechen, die langsam in ihrer ganzen Dimension ans Tageslicht kamen, war es sogar beruhigend, auf das »bessere Deutschland« verweisen zu können.

Philipp von Boeselager hat sich an diesen Diskussionen lange nicht beteiligt. Er war zu sehr mit seinen Aufgaben beschäftigt, die sein Waldbesitz, sein Engagement im Malteserorden und, zumindest zeitweise, seine Tätigkeit als Personalgutachter für die im Aufbau befindliche Bundeswehr mit sich brachten. Berufssoldat wollte er nicht mehr werden. Aber er erklärte sich bereit, höhere Offiziere, die er zum Teil noch aus früheren Stäben kannte, auf ihre politische Eignung zu prüfen. Lediglich an Wehrübungen nahm er als Reserveoffizier teil. Erst im Alter begann er, über den deutschen Widerstand und über seinen Anteil daran zu sprechen. Er hält Vorträge, gibt Interviews und spricht mit Schülern.

Eine besondere Ehre wurde ihm im Januar 2004 zuteil. Nachdem ihm in Deutschland schon das Große Bundesverdienstkreuz verliehen worden war, wurde er in Paris zum Offizier der französischen Ehrenlegion ernannt. Die Auszeichnung empfing er aus der Hand der Ministerin für europäische Angelegenheiten, Noëlle Lenoir. In ihrer Rede betonte sie, dass Philipp von Boeselager »Deutschlands Ehre« gerettet habe. Er sei ein herausragender Repräsentant des »anderen Deutschland«. Mit ihm wolle die französische Regierung »auch jene Frauen

Philipp von Boeselager mit seiner Frau Rosa Maria, geb. Gräfin von Westphalen zu Fürstenberg, im August 2006.

und Männer ehren, die unter unglaublich schwierigen Umständen in einem heute unvorstellbaren Kontext der Unterdrückung aufrecht geblieben sind. Diese Frauen und Männer, die auf die Stimme ihres Gewissens gehört haben, zeigten übermenschlichen Mut. Mit der Verleihung der höchsten Auszeichnung der Französischen Republik wollen wir auch Claus von Stauffenberg und Henning von Tresckow würdigen. Die Regierung erweist damit den Tausenden die Ehre, die in den Monaten nach dem Attentat vom 20. Juli 1944 hingerichtet wurden und die mit ihrem Blut eine der heldenhaftesten und schrecklichsten Seiten der deutschen Geschichte geschrieben haben.«[97] Nach der Ehrung hielt Philipp von Boeselager einen Vortrag über seinen Weg in den Widerstand vor ehemaligen Angehörigen der Résistance und legte am »Grab des Unbekannten Soldaten« unter dem Arc de Triomphe einen Kranz nieder. In Paris wurde auch daran erinnert, wie er 1940 ein französisches Dorf vor der Zerstörung bewahrt hatte.

Über der Eingangstür seines Hauses in Kreuzberg steht in den Holzbalken geschnitzt: »Et si omnes, ego non« – »Auch wenn alle es so machen, ich nicht«.

»Mir ging es in der Hauptsache darum, den Hitler zu töten«.

Gespräch mit Philipp Freiherr von Boeselager [1]

Was wussten Sie von Graf Stauffenberg? Haben Sie ihn je getroffen und wie sprachen die Offiziere von ihm?

Ich habe ihn zwei-, dreimal gesehen, aber ich habe ihn nie gesprochen. Wir wussten beide voneinander. Ich habe ihm zugenickt, und er hat mir zugenickt, aber sonst nichts. Es war ja streng verboten, dass man sich mit jemandem vom Widerstand, soweit man von ihm wusste, unterhielt oder Verbindung aufnahm, wenn es nicht dienstlich notwendig war. Weil man Angst hatte, irgendjemand würde das beobachten und denunzieren. Besonders gefährdet waren natürlich die Generalstabsoffiziere mit ihren roten Hosen. Wenn die zwei-, dreimal mit jemandem hintereinander redeten, mit dem sie dienstlich an sich nichts zu tun hatten, so war das schon gefährlich.

Ich habe Stauffenberg persönlich sehr bewundert. Aber ich war sehr skeptisch, ob das Attentat glücken würde. Denn er musste die Bombe, die ich ihm wohl geliefert habe, unter dem einen Arm festklemmen und mit den drei Fingern an dem anderen Arm den Zünder in Gang setzen. Was alles etwas kompliziert war. Ich wäre jedenfalls sehr nervös gewesen, ob das dann alles klappen würde. Also, ich habe ihn sehr bewundert ob seines Mutes, seines persönlichen Muts und dann überhaupt wegen der ganzen Sache. Er musste ja aus dem Führerhauptquartier nach dem Attentat raus, nach Berlin zurück, um den

»Walküre«-Plan in Gang zu setzen. Weil Fromm befohlen hatte, dass nur mit Stauffenbergs Unterschrift der »Walküre«-Plan aktiviert werden dürfte. Vorher war schon der Plan aktiviert und dann wieder gestoppt worden. Und daraufhin war Fromm wütend und sagte, jetzt geht das nur mit der Unterschrift von Stauffenberg. Stauffenberg musste also das Attentat durchführen und heil nach Berlin kommen. Was eigentlich unwahrscheinlich war. Denn es war klar, dass die Sperrkreise sofort zugehen würden, und es war höchst wahrscheinlich, dass er erst gar nicht aus dem Führerhauptquartier rauskommen würde. Also ich habe ihn sehr bewundert. Die Offiziere haben ihn ja weniger gekannt, weil er lange Zeit in hohen Stäben war und dann in Afrika verwundet. Er war in der Truppe an sich nicht bekannt damals.

Gab es einen inneren Zeitpunkt, zu dem der Entschluss feststand, dass Sie etwas gegen Hitler unternehmen wollten?

Ja, ich glaube am 30. Oktober 1942. Hitler rief plötzlich Kluge an – es wurden ja häufiger Telefonate geführt zwischen Hitler und Kluge, wenn es um wirklich wichtige Dinge ging. Aber das wurde vorher angekündigt, da waren immer Vorbereitungen: Es wurde genau die Uhrzeit festgelegt und alles andere – jetzt an diesem Tag, an Kluges 60. Geburtstag, rief plötzlich unerwartet Hitler an, gratulierte Kluge zum Geburtstag und sagte ihm am Schluss: wegen der Verdienste, die Kluge um das deutsche Volk erworben hatte, wollte er ihm eine Dotation von 250 000 Mark geben mit dem Bezugsschein, um den Kuhstall in Böhne, das war das Gut seiner Frau bei Rathenow, neu zu bauen. Mir hat es den Atem verschlagen. Mir als Ordonnanzoffizier, denn ich musste alle Gespräche immer mithören. Dann wurde das Telefonat noch beendet, »Heil mein Führer«, »Heil mein Feldmarschall«, und der Kluge klingelte.

Ich ging zu ihm rein, ich merkte gleich, das war ihm nicht sehr recht, dass ich das mitgehört hatte. »Boeselager, haben Sie das gehört, was der Führer am Schluss gesagt hat, mit dem Geschenk?« »Jawohl, Herr Feldmarschall.« »Ja, was halten Sie davon?« »Ja«, sagte ich – ich war damals 24 Jahre alt – so aus dem Bauch heraus, »Herr Feldmarschall, ich kann mich nicht entsinnen, dass ein preußischer General oder Feldmarschall im Krieg eine Dotation bekommen hätte. Nach einem gewonnenen Krieg, selbstverständlich. Aber im Krieg, das habe ich nie gehört. Ich würde das Geld dem Roten Kreuz geben.« Er entließ mich. Ich war sicher, dass er auf das Gespräch zurückkommen würde. Das war üblich bei Kluge. Wenn ein wichtiges Gespräch gewesen war, kam er am selben Tag noch ein- oder zweimal auf dieses Gespräch zurück. Nicht, dass ich einen Einfluss auf ihn gehabt hätte, aber so als Echo, gewissermaßen.

Also, ich war sicher, er kommt auf das Gespräch zurück. Hast du ihm richtig geraten? Weil das so aus dem Bauch heraus gekommen war, meine Antwort. Da lief ich zu Tresckow. Tresckow war ein väterlicher Freund von mir, den ich gut kannte, weil er jeden Vormittag, bevor er zur »Lage« zu Kluge reinging, bei mir im Vorzimmer saß. Oft sind wir zusammen gewesen. Ich kannte ihn sehr gut. Er war ein wirklich väterlicher Freund, ein charismatischer Offizier, wie es ganz, ganz wenige gab, zu dem ich großes Vertrauen hatte. Ich lief zu ihm hin und berichtete von dem Gespräch und fragte ihn, ob ich Kluge richtig beraten hätte, weil ich eben dachte, der Kluge kommt noch einmal darauf zurück.

Zu meinem Erstaunen wollte Tresckow von mir die Erlaubnis haben, bei Kluge das Gespräch Hitler-Kluge zu erwähnen. Ich habe gesagt, das geht nicht. Ich bin Ordonnanzoffizier. Das ist eine Vertrauensstellung. Da kann man nichts sagen, sonst muss ich gehen. Denn dann habe ich das Vertrauen von Kluge missbraucht, dann muss ich gehen. Es gab einen ziemlichen Disput zwischen uns beiden, und am Schluss sagte Tresckow, der Feldmarschall darf sich nicht vom Führer abhängig machen. Wir brauchen ihn im Kampf gegen Hitler. Damit hatte

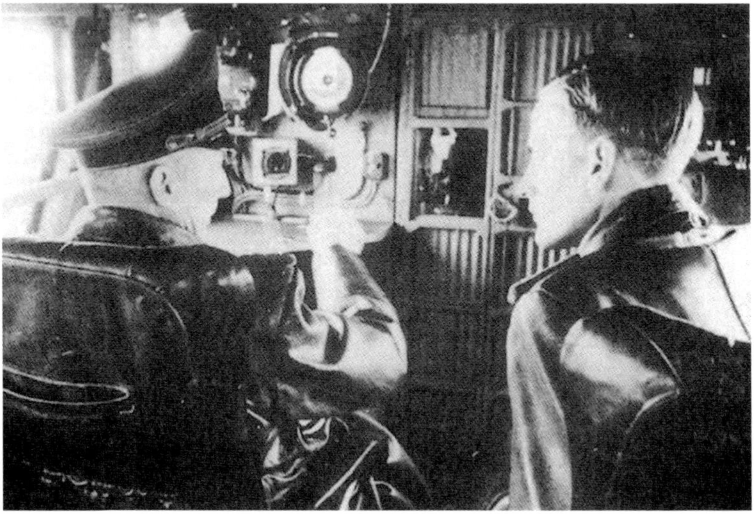

Philipp von Boeselager als Ordonnanzoffizier mit Generalfeldmarschall von Kluge in der JU 52 auf dem Flug zum Führerhauptquartier.

Tresckow sich wirklich offenbart. Ich wusste, dass er Antinazi war. Und von da an war ich bei den Gesprächen zwischen Tresckow und seinen Vertrauten dabei.

Es ging nicht mehr darum, ob ein Attentat durchgeführt werden sollte. Das war damals schon in dieser Gruppe klar, sondern nur wie. Und das wurde abends so nach 11 Uhr, wenn der Dienst zu Ende war in der Ia-Abteilung, das war die Abteilung, die Tresckow leitete, wenn die Schreiber weg waren, die Melder weg waren, und nur noch ein kleiner Kreis – Schulze-Büttger, Oertzen, Voss und ich zum Teil – wenn wir zusammen waren, dann – Tresckow spielte dann meistens Schach – dann wurde überlegt, wie man den Hitler umbringen kann. Und das ging immer hin und her.

Ich erinnere mich immer besonders an Schlabrendorff, Schlabrendorff war ein ganz hochintelligenter Mensch mit einem unglaublichen Zynismus. Man wagte kaum ihn anzureden, weil dann kriegte man gleich eins drauf. Das machte ihm große Freude. Er war aber ein phantastischer Kerl. Er hatte den Hitler sehr früh durchschaut. Er war verwandt mit Tresckow und eigentlich sein engster Mitarbeiter. Er hielt Verbindung mit Oster, der »der Geschäftsführer« des Widerstandes in Berlin war. Ich erinnere mich gut an ein Gespräch, bei dem gesagt wurde, man kann doch einen neuen Staat nicht mit einem Mord beginnen, man müsste den Hitler festnehmen und aburteilen. Dann sagte der Schlabrendorff, na ja, das müsste man natürlich, aber denkt daran, dass ihr die »roten Roben aus Leipzig« holt, ohne die »roten Roben« darf das Gericht nicht tagen. Damit war die Sache klar, dass das Utopie war. So war der Schlabrendorff.

Und abends eben bei diesem Gespräch wurde durchgesprochen, wie kriegt man den Hitler da raus? Denn allmählich wurde es ganz klar mit den ganzen Sperrkreisen, dass es unmöglich war, militärisch dieses Führerhauptquartier zu besetzen. Denn dann hätte man mit einer stärkeren Truppe anrücken müssen, das wäre aber unmöglich zu verheimlichen gewesen, weil Ostpreußen ja weit hinter der Front lag. Da hätten die ja schon mit Lkws oder mit der Eisenbahn herangefahren werden müssen. Das ließe sich gar nicht verheimlichen. Und die Sperrkreise selbst wurden ja von einem Pionierbataillon abgesichert. Also, das ging nicht. Ein militärisches Eingreifen, um ihn dort festzunehmen, ging nicht. Man musste ihn entweder dort oder möglichst außerhalb des Führerhauptquartiers bekommen. Weil auch außerhalb des Führerhauptquartiers der Sicherheitskordon geringer war.

Dann muss ich noch sagen, dass der Tresckow immer versuchte, einen Truppenteil zu bekommen, über den er immer verfügen könnte. Das musste also ein Heeresgruppen-Truppenteil sein. Nicht irgendeine Division, über die das OKH verfügte, sondern ein Truppenteil, über den er direkt verfügte. Und einen Befehlshaber dafür.

Mein Bruder Georg, – der damals schon das Eichenlaub hatte, das hatte er am Beginn des Russlandfeldzugs bekommen, er war ein Idol

Georg von Boeselager

seiner Soldaten – war so eine Type, die Tresckow suchte. Und ich sagte ihm das einmal gelegentlich, ich wüsste jemanden, den er brauchen könnte. Mein Bruder Georg war damals als Eichenlaubträger aus der Front herausgezogen worden. Er war Ausbilder in Bukarest. Eines Tages rief er mich an, als ich Ordonnanzoffizier, wie gesagt, bei Kluge war, und fragte mich, ob ich ihm einen Flug von der Heimat aus nach Smolensk besorgen könnte, er wollte in seinem Urlaub seine alte Schwadron, seine alte Einheit, besuchen. Ich fragte Kluge, ob er das genehmigen würde. Kluge hat es sofort genehmigt, weil er meinen Bruder aus dem Frieden her kannte. Kluge war kommandierender General in Münster gewesen und kannte ihn von daher schon, und Georg hatte dann in seiner Armee in Frankreich das Ritterkreuz bekommen. Er sagte, ja, ich freue mich, wenn Ihr Bruder kommt. Mein Bruder kam also angeflogen, fuhr dann gleich zu seiner Schwadron und kam wieder zurück zum Übernachten bei uns. Kluge hatte ihm gesagt: Ich möchte von ihnen einen Bericht haben. Mein Bruder sagte ihm, dass die Reiterschwadronen jetzt völlig falsch eingesetzt würden, weil die an sich für die Aufklärung da wären, aber es gäbe nichts mehr aufzuklären, weil die Front ein durchgehender Schützengraben wäre. Und sie würden deshalb als Melder in den Divisionen verschlissen. Das wäre schade für diese gut ausgebildeten Leute. Man sollte sie aus den Infanteriedivisionen herauszuziehen. Je eine Infanteriedivision der 1. und 2. Welle hatte eine Reiterschwadron. Die sollte man zusammenfassen zu Kavallerieregimentern, die, gut, modernst ausgerüstet, berittene Infanteristen wären. Die könnten dann zu jeder Jahreszeit, sei es im Schlamm, sei es im Schnee – wenn die motorisierten Fahrzeuge und die Infanteristen nicht eingesetzt werden konnten – als Heeresgruppenreserve verschoben werden.

Kluge überlegte sich das und sagte meinem Bruder am nächsten Morgen, als wir beim Frühstück zusammensaßen: »Ich habe mir das heute Nacht überlegt, gehen Sie zu Tresckow und regeln Sie mit ihm die Einzelheiten. Ich bin sehr einverstanden mit Ihrem Vorschlag.« Mein Bruder ging zu Tresckow und machte ihm den Vorschlag, und Tresckow ging sofort auf ihn ein. Die beiden haben sich auch sofort befreundet. Das war der Gründungstag des Kavallerieregiments Mitte. Tresckow hatte nun bei der Heeresgruppe einen Truppenteil, über den er selbst verfügen konnte. Und in meinem Bruder sah er jemanden als Kommandeur, der geeignet war, diesen Truppenteil zu führen. Es gelang kurze Zeit darauf – Anfang Januar 1943 wurde dieses Regiment gegründet –, die Schwadronen aus der Truppe herauszuziehen. So wurde das Regiment langsam aufgestellt.

Im März 1943 erreichte es Tresckow über den Heeresadjutanten bei Hitler, General Schmundt, dass Hitler zur Front, zur Heeresgruppe Mitte, herauskam. Dabei plante Tresckow, ihn umzubringen. Einmal war ein Pistolenattentat geplant im Kasino der Heeresgruppe nach der Besprechung, und zwar sollte gleichzeitig Himmler mit umgebracht werden, aber Himmler kam nicht mit.

Als Kluge das hörte, untersagte er das Attentat. Ich hatte Kluge orientiert. Ich hatte zu Kluge auch ein sehr gutes Verhältnis, ein großväterliches Verhältnis. Ich schätzte ihn sehr und besonders seine persönliche Tapferkeit. Seine militärische Tapferkeit – nicht seine politische. Und ich hatte ihn gefragt, bevor der Hitler kam, ob er sich vorstellen könnte – es war nämlich geplant, dass er im Kasino beim Mittagessen zwischen Hitler und Himmler als Hausherr sitzen sollte –, ob er sich vorstellen könnte, dass der Führer, der auf zwei Beinen ins Kasino käme auf vier Beinen rausgetragen würde. Kluge überlegte so einen Moment. Dann nickte er mir zu. Und dann sagte ich dem Tresckow, dass ich den Kluge orientiert hätte; und Tresckow hat dann auch mit Kluge darüber gesprochen. Aber Kluge hat dann im letzten Moment das Attentat untersagt, weil Himmler nicht mitgekommen war. Er sagte, sonst gäbe es einen Bürgerkrieg zwischen Heer und SS.

Wir waren alle schockiert, aber hinterher musste ich sagen – der Kluge hatte Recht. Denn die Ersatztruppenteile des Heeres, zum Beispiel unseres – wir waren Paderborner Reiter –, wurden nach dem Polenfeldzug nach Polen verlegt als Besatzungstruppen. Und so wurden die gesamten Ersatztruppenteile ins »feindliche Ausland« verlegt. Sei es nach Polen oder nach Frankreich. Sodass es im Reich nur relativ wenige Truppenteile des Heeres gab. Während die SS – die bei Kriegsbeginn 40 000 Mann hatte, am Kriegsende 950 000 – ihre Truppenteile im Reich aufstellte. So gab es viele Standorte, wo mehr SS war, Waffen-SS, als Heer. So hatte der Kluge berechtigte Angst, dass es einen Bürgerkrieg zwischen Heer und SS geben könnte.

Daraufhin wurde ja auch der »Walküre«-Plan umgeändert. Der »Walküre«-Plan war ursprünglich ein Plan zur Niederschlagung eines Aufstandes der »Fremdarbeiter«, die es in jedem Betrieb gab, sei es in Industrie oder Landwirtschaft oder so. Millionen gab es. Und man fürchtete einen Aufstand von denen, und dafür gab es den »Walküre«-Plan, wie dieser Aufstand niedergeschlagen werden sollte. Ab Sommer 1943 ließ Tresckow diesen Plan durch den Major von Oertzen und hinterher auch noch durch Voss umarbeiten auf die Niederschlagung der SS nach einem gelungenen Attentat. Man musste da genau sehen, wo die SS stand, wie stark sie war usw., und in jedem Wehrkreis – es gab, glaube ich, 17 in Deutschland – mussten ein Offizier und ein Zivilist gefunden werden, die nach dem gelungenen Attentat die Macht übernahmen, nachdem der Witzleben – oder der Beck, wer immer – den Befehl gab, so wie es der Stülpnagel oder der Graf von Marogna-Redwitz in Wien dann auch gemacht haben. Diese Liste ist ja leider hinterher den Nazis in die Hände gefallen, und die sind deshalb auch alle umgebracht worden. So war dieses Attentat fehlgeschlagen.

Sie sind gläubiger Katholik. »Du sollst nicht töten«, heißt es in den Zehn Geboten. Beim Gedanken an ein Attentat gegen Hitler und dann bei der konkreten Planung war klar, dass Sie möglicherweise würden töten müssen. Wie war das für Sie?

Ja, das war eine schwierige Sache. Es gab zwei Probleme. Einmal den Eid, der bei den Protestanten – Tresckow und diese Gruppe waren ganz strenge »Bekennende Kirche«-Anhänger gegen den Reichsbischof Müller – eine große Rolle spielte. Die Schwierigkeit des Eides … den Eid zu brechen, um Hitler zu töten. Und das Zweite war: »Du sollst nicht töten«, das fünfte Gebot. Was für uns alle galt. Das war schon sehr viel schwieriger … beides waren schwierige Fragen.

Die erste Frage war für mich kein Problem. Als Jesuitenschüler hatte ich gelernt, beim Pater Rodewyk, Hauptmann a. D. mit Hohenzollernorden und so, dass der Eid eine zweiseitige Bindung ist. Und wenn der eine den Eid bricht, dass der andere nicht gebunden ist. Und dass der Hitler jeden Tag den Eid brach, zum Wohle des deutschen Volkes seinen Dienst zu tun, das war mir völlig klar. Also, für mich war der Eid kein Problem. Das andere war schon ein Problem mit dem Mord. Aber es ist ja auch etwas anderes, ob ich einen Mord begehe, um für mich irgendwo einen Vorteil herauszuschinden, oder ob ich einen Mord begehe … so gewisse »Notwehr«. »Notwehr ist diejenige Verteidigung, die erforderlich ist, um einen gegenwärtigen rechtswidrigen Angriff auf das Leben, die Ehre oder das Eigentum von mir oder einem anderen abzuwehren.« Das lernte jeder Soldat auswendig, bevor er seinen ersten Urlaub hatte. Und hier ging es darum, den Angriff auf das Leben von vielen, vielen tausend Juden abzuwehren. Ich bin manchmal schwankend gewesen: ob man oder ob man nicht. Ich wusste ja auch, was mit der Familie passiert. Und ich war mir immer klar, dass für das Gelingen des Attentats höchstens eine 50-prozentige Chance bestand. Und ich erinnere mich, dass der Tresckow mir eines Tages sagte, »Boeselager, denken Sie daran, 16 000 Menschen werden täglich umgebracht. Das wollen wir stoppen.« Und wenn man dann den Mord dagegen rechnet, gegen die 16 000, dann bin ich eben zu dem Entschluss gekommen, dass das richtig war. Aber ich kann mir vorstellen, dass andere Leute, andere Menschen anderer Ansicht waren. Weil das hat mit dem eigenen Gewissen zu tun, da gibt es auch keine Vorschriften. Da kann einem keiner raten. Das muss man selbst entscheiden.

Ist Ihnen, neben diesen großen Fragen, in all den Jahren eine Entscheidung besonders schwergefallen?

Ja, die Entscheidung ist mir sehr schwergefallen, eben »ja« zu sagen. Mitzumachen. Was davon zu wissen und so, das ist ja kein Problem. Aber das Mitmachen, das wirklich mit der Pistole Schießen. Schießt du auch wirklich? Es war an sich bekannt, dass ich ein guter Pistolenschütze war. Aber es ist jedoch etwas anderes, ob man schießen kann oder ob man dann auf einen draufschießt, auf ein paar Schritte. Ich war unsicher, ob ich das machen würde. Und ich war sehr dankbar, dass wir gemeinsam beschlossen haben, dass eine Gruppe von Offizieren schießen sollte. Erstens war man da sicher, dass man nicht alleine war, und man wusste ja auch, der Hitler hat seine ganze Sicherheitsgruppe bei sich, also es wird wahrscheinlich eine ziemlich lebhafte Schießerei sowieso geben. Aber zu acht war man dann ziemlich sicher, dass der Zweck, Hitler zu töten, wirklich erfolgen würde.

Befehl und Befehlsverweigerung. Sie haben einmal gesagt, Sie haben noch bis ins hohe Alter davon geträumt.

Ja ich habe oft davon geträumt, weil, es war ja von Kluge, wie gesagt, der Befehl herausgegeben worden, nicht zu schießen. So im letzten Moment. Und ich bin dann, nachdem ich das wusste und wir ins Kasino gingen, bin ich drei, vier Schritte hinter Hitler reingegangen in das Kasino. Hatte die geladene Pistole bei mir, und nachts werde ich manchmal wach und sage, hättest du doch geschossen. Hättest du doch geschossen … obwohl der Kluge es verboten hatte. Obwohl die Frage damals gar nicht so aktuell war, muss ich gestehen. Weil Kluge war für mich schon absolut eine Autorität. Und wenn er gesagt hat nein, dann nein. Es war eigentlich beinahe angenehm, wenn wir nicht schießen brauchten. Weil der Kluge das so gesagt hat. Aber hinterher habe ich mir immer wieder gedacht – hättest du doch, hättest du doch, hättest du doch. 16 000 Menschen am Tag, und das Sterben war ja nicht das Schlimme bei dem Attentat, das eigene Sterben war nicht allzu schlimm, denn das war ziemlich sicher. Ich erinnere mich an ein langes Gespräch mit Schulze-Büttger, dem Oberst Schulze-Büttger, einem fabelhaften Mann, der sagte: »Darüber müssen Sie sich ja klar sein, die Kugel kommt bei uns entweder von links oder von rechts, sie kommt jedenfalls. Wenn das Attentat nicht glückt, bringen einen die Nazis um, wenn das Attentat glückt, bringen einen die Ostpreußen um. Weil die werden sicher hinterher sagen, wenn der Hitler noch gelebt hätte, hätten wir den Krieg gewonnen und wir säßen heute noch in Ostpreußen und Schlesien und in Pommern.«

Es war uns klar, dass, wenn das Attentat glückt, wird sofort im Westen kapituliert. Das war klar, und damit war der Krieg zu Ende. Es konnte noch eine Weile an der Ostgrenze weitergehen, aber es war uns damals auch schon die Vereinbarung der Alliierten klar, dass Ostpreußen, Westpreußen, Pommern und Schlesien weggehen sollten. Auch wenn das Attentat glückte. Und der Schulze-Büttger sagte, dann werden die anderen uns umbringen, weil die sagen, wenn der Hitler noch lebte – die glaubten ja alle an Hitler, die Masse des deutschen Volkes glaubte ja an Hitler, weil es nicht vorstellbar war, dass die Staatsführung so verlogen und so verbrecherisch war. Das war einfach nicht vorstellbar. Und man wollte es sich auch nicht vorstellen. Weil man kämpfte und kämpfte, sollte das alles umsonst gewesen sein? Das konnte ja nicht sein. Und deshalb hätten die hinterher sicher gesagt, das waren Landesverräter, wenn das Attentat geglückt wäre, das waren Landesverräter und dann wären wir irgendwo zur Rechenschaft gezogen worden.

Das Ganze war eine sehr unangenehme Situation, die dadurch beendet wurde bei allen Zweifeln, dass man immer wieder wusste, 16 000 Menschen werden täglich umgebracht. Abgesehen von denen, die gefallen sind an deutschen Soldaten und Zivilisten und Dresden und allem. Das erfuhren wir eben über die Achse Tresckow-Oster. Oster war der »Geschäftsführer« des Widerstandes, kann man sagen. Er saß in Berlin. Er hatte Kontakte mit Kreisau, mit der Weißen Rose, mit all diesen Gruppen, mit denen ich überhaupt keine … ich wusste, dass es so was gab, aber wollte auch gar nichts wissen. Man hatte ja Angst, man wird verhaftet oder wird gefoltert und dann weiß man alles. Wir wollten alles nicht wissen. Ich wollte nur meine direkten Vorgesetzten, meinen Bruder, Tresckow, mehr brauchte ich gar nicht zu wissen. Zu denen hatte ich Vertrauen. Absolutes Vertrauen.

Oster, bei dem lief alles zusammen. Und er war wieder »befreundet« mit dem SS-Obergruppenführer Nebe. Nebe war der oberste Kriminalbeamte oder Polizeibeamte im Reich. Und über seinen Schreibtisch liefen alle Schweinereien, die die Nazis begangen hatten. Und er hatte eben dem Oster gesagt, die drei Züge, die da jeden Tag nach Polen fuhren, die fuhren nicht ins KZ, sondern zur Vergasung. So dass wir als einige der Wenigen, behaupte ich immer, sehr frühzeitig wussten, dass die Juden umgebracht wurden. Nicht dass sie ins KZ kamen. Das war noch »harmlos«. KZ, da werden sie schlecht behandelt und haben viel Arbeit, kriegen wenig zu essen, aber wir halten den Kopf hin, wir sind im Krieg, wir werden verwundet und fallen. So lange hatte man sich irgendwie herausgeredet. Aber jetzt erfuhren wir, nein,

nein, das ist gar nicht wahr, sondern die werden umgebracht. Da war natürlich die Situation ganz anders.

Gab es bei diesem ganzen Prozess der inneren Opposition und auch als es anfing, dass man gemeinsam Verabredungen traf, gab es da große Enttäuschungen, menschliche Enttäuschungen?

Nein, das war die kleine Gruppe, das war Oster, das war Tresckow, ein unglaublicher Mensch, das kann man gar nicht beschreiben, einer von denen, wo man glücklich ist, wenn man solch einen oder zwei Menschen im Leben überhaupt trifft. Tresckow streng christlich, hochintelligent, lyrisch, musisch, ein unglaublicher Mann. Eine ganze Ausnahme. Der mehrere Sprachen sprach und der vor dem Krieg in Amerika und England gewesen war und als einer der wenigen, damals jedenfalls, die Gesamtlage beurteilen konnte. Und der den Schlabrendorff, seinen Ordonnanzoffizier, beauftragt hatte, er sollte alle Feindsender abhören und was er kriegen könnte und alle vierzehn Tage ihm berichten: wie groß ist die Panzerproduktion in Amerika … und und und. Sodass Tresckow wirklich orientiert war. Und ich habe das einmal mitgemacht, diesen Bericht von Schlabrendorff an Tresckow, und habe es dem Kluge dann gesagt, dass der Schlabrendorff genau Bescheid wüsste und das wäre doch für ihn interessant. Und dann kam der Schlabrendorff auch zum Kluge, und wir hörten – ich weiß es nicht mehr genau –, sagen wir mal, wenn unsere Produktion 1 000 waren, dann haben die eben 10 000. Sodass sehr bald klar war, dass allein materiell und personell der Krieg verloren war. Was schon 1942 eigentlich klar war. Aber dass das immer wieder untermauert wurde usw. Und dass deshalb auch der Krieg schnell beendet werden musste. Jeder Tag kostete deutsche Soldaten. Dabei war nichts mehr zu gewinnen. Es war klar, dass der Krieg verloren war.

So wurde die Angst, die ich persönlich gehabt habe ... die habe ich gehabt, das gebe ich ganz offen zu. Weil ob so oder so, sagte ich ja, du wirst wahrscheinlich erschossen, aber das Erschießen war nicht das Schlimmste, sondern die Verwandten kommen ins KZ. Meine Eltern. Der Besitz wird beschlagnahmt. Wie kannst du das verantworten usw. Das waren doch Fragen, die einen bedrückten, das muss ich sagen.

Sie haben es schon angedeutet, hatten Sie Angst, hingerichtet zu werden? Denn schon Oppositionsgespräche waren ja »Hochverrat« und wurden damals mit der Todesstrafe geahndet.

Ja, ich war ziemlich sicher, dass wir umgebracht werden. Ich habe mir von vorneherein nie mehr als 50 Prozent für ein Gelingen des Attentats ausgerechnet. Ich war eigentlich ziemlich sicher, dass wir umgebracht werden. Aber das war nicht schlimm. Ich bin fünfmal verwundet worden und habe wieder meinen Angriff gemacht. Das Sterben war nicht das Schlimme, sondern das Schlimme war das Drumherum ... Ist es richtig?

Wir waren 15, 20 Offiziere, der Kern bei Tresckow. Es gibt sechs Millionen Soldaten. Sind wir die Einzigen? Liegen wir richtig? Haben wir Recht mit unserer Beurteilung Hitlers?

Und das waren auch Fragen, die man mit keinem besprechen konnte. Das war etwas, was man sich heute nicht vorstellen kann. Die Einsamkeit.

Man konnte das auch weder mit Tresckow noch mit jemand anderem besprechen. Ich sagte ja, wenn man abends nach Dienst, wenn ich rüber ging als Offizier vom Dienst, vom Nachtdienst, das habe ich häufiger bei der Ia-Staffel gemacht, dann wurden solche Gespräche geführt. Über Tag hatte man ja gar keine Zeit. Es war Krieg. Da hatten wir anderes zu tun. Da wurde besprochen, wie das Attentat durchgeführt werden sollte und und und. Wurden dann so einzelne Möglichkeiten durchgespielt, möchte ich sagen. Da sprach man ... auch über religiöse Dinge. Was man sonst unter Männern nie tut und nie im Leben wieder getan hat. Ich jedenfalls nicht. Da habe ich ja festgestellt, muss ich auch gestehen, dass die Protestanten Christen waren. Wir waren ja preußenfeindlich.

Hier im Rheinland sind wir preußenfeindlich gewesen, weil die Preußen haben sich ja sehr blöd benommen. Mein Großvater Salis, der preußischer Beamter war in Kassel, wurde in 1901, 1901 bitte, zum Regierungspräsident bestellt, der ihm sagte, der preußische Beamte wäre nicht dazu da, den katholischen Kultus zu fördern, er würde zum 1. Januar nach Königsberg versetzt. Mein Großonkel Boeselager auf der anderen Seite, der den 70er Krieg mitgemacht hat, dann Jesuit wurde, musste auswandern, weil der Jesuitenorden bis 1917 in Preußen verboten war.

Das hatte natürlich auch für die Weimarer Zeit noch schlimme Folgen. Wilhelm II. hatte versucht, den Kulturkampf zu beenden … mit Kölner Dom und Maria Laach … Aber die Zeit war zu kurz gewesen. Mein Vater hätte nie preußischer Offizier werden dürfen, wenn mein Großvater noch gelebt hätte. Hannover, Österreich, England … aber preußischer Offizier unmöglich. Das muss man alles wissen. Und diese Skepsis gegenüber dem Staat, die die Weimarer Zeit auch noch geprägt hat, hat ja auch die Anfangszeit hier in der Nazizeit noch geprägt. Bei der letzten freien Wahl hatten die Nazis 43,x Prozent, im Rheinland in die 30 und hier in meinem Wahlkreis nur 24 Prozent.

Das kam daher: Dem Staat als solchem stand man sehr skeptisch gegenüber. Und die Nazis mochte man nicht. Aber es gab damals nur die Wahl: Kommunisten oder Nazis. Was anderes gab es nicht. 50 Parteien, die Demokratie war kaputt. Es gab gar keinen Zweifel. Man wollte endlich wieder geführt sein, und nun kam endlich ein Führer, den alle ersehnten irgendwo. Und ich erinnere mich gut, wir fuhren nach Godesberg ins Internat immer mit einem alten, treuen Chauffeur, der sagte, in einem Nachbardorf von Heimerzheim wären kommunistische Unruhen. Das hatte den Zweck, dass wir alle später ins Kolleg zurückkommen konnten, wenn wir einen Tag frei gehabt hatten, weil wir konnten uns hinter den »kommunistischen Unruhen« verstecken. Das hörte von einem Tag zum anderen auf. Es war »sicher«. Und vorher stand jeden Tag noch in der Zeitung, zwei Kommunisten da umgebracht und zwei Nazis am nächsten Tag woanders umgebracht. Es war ja beinahe Bürgerkrieg. Das hörte am Tag der Machtübernahme auf, und alles atmete auf. Das muss man einfach so sehen. Das war auch so. Man mochte die Nazis auch nicht, diese Plebejer, gemeines Pack eigentlich, und auch die hitlerischen Reden: Ich erinnere mich gut, wenn mein Vater irgendwo so eine Rede mitbekommen hatte und entsetzt zurückkam, über den Stil und über die Lautstärke und alles, aber immerhin besser als die Kommunisten. Etwas anderes gab es ja nicht.

Im Krieg mussten Sie einerseits für Hitler siegreich kämpfen und andererseits gegen Hitler einen Staatsstreich vorbereiten. Möglicherweise sogar das Attentat. War das ein Konflikt, oder trennte man das innerlich?

Ja, wir haben den Polenkrieg ja begrüßt. Das weiß man heute auch nicht, das wird ja auch nicht erzählt. Damals war es genau so, wie ich es eben innenpolitisch schilderte. Die Deutschen und die Polen in dem ehemaligen deutschen Westpreußen bekämpften sich. Dauernd waren irgendwelche Tote und Schweinereien passiert. Heute wurden ein paar Deutsche umgebracht, morgen ein paar Polen. Es war auch beinahe Bürgerkrieg in Polen damals. Und da wurde der Sender Gleiwitz von Deutschen »in polnischer Uniform« angegriffen. Das ahnte man natürlich nicht. Man war ja nicht in der Lage zu glauben, dass die Staatsführung verbrecherisch war. Da hat man geglaubt, ja das sind Polen.

Wieso kommen die dazu, den Sender Gleiwitz anzugreifen, die müssen was auf die Nase bekommen. Es wird endlich Zeit. So war das eigentlich ein Befreiungsschlag, der Krieg gegen Polen. Und das hatte dann nichts mit Antinazi oder so zu tun. Das war eine rein patriotische Einstellung, eine ganz berechtigte, den Polen eins draufzugeben.

Erst hinterher … Wir lagen damals am Westwall während des Polenfeldzuges, und unsere Ersatzabteilung kam dann nach Preußisch-Stargard, das war irgendein kleines Städtchen da in Westpreußen. Der Ersatz kam so um Weihnachten, der erste Ersatz von dort, um unsere Schwadron aufzufüllen, und die erzählten von Schweinereien, die da begangen wurden: dass die SS da Mädchen vergewaltigt hätte, Leute umgebracht hätte und dass der Oberbefehlshaber Blaskowitz abgesetzt worden wäre, der keineswegs eine Herzschwäche hatte, sondern abgesetzt worden war, weil er eingreifen wollte.

Man hörte das, aber man hat es nie erlebt.

Das waren 18-jährige Bengelchen, die das erzählten. So unter der Hand sickerte das durch, das durfte man ja gar nicht laut sagen. Das war unangenehm. Man wusste es nicht. Man wurde nur noch etwas skeptischer, als man schon gewesen war. Und ich war schon skeptisch geworden, wenn ich das noch sagen darf, durch zwei Geschichten. Wir hatten in Godesberg noch sehr genau das Konkordat durchgesprochen, das war … ich glaube, da war ich auf Obersekunda. Und 1938 wurden die katholischen Schulen schon geschlossen. Die konfessionellen Schulen. Gegen das Konkordat. Und 1938 wurde mein Vetter Ketteler, der in Bonn studiert hatte, so alt war wie meine älteren Brüder und dauernd in Heimerzheim war, den man kannte wie seinen älteren Bruder und der bei Papen persönlicher Referent in Wien war, ermordet.

Zuerst hieß es, er hätte Selbstmord verübt, was schon gar nicht glaubhaft war. Wurde gemunkelt, ja § 175, oder Devisengeschichten usw. Das war alles gar nicht glaubhaft. Nach acht Wochen kam raus, ja, der SD hat ihn in seiner Badewanne in der Wohnung von Papen in der Botschaft ersäuft, weil er mit Jung bekannt war. Da gab es einen Herrn Jung, der die Reden für Papen geschrieben hat, eine berühmte, sehr skeptische Rede, der war auch umgebracht worden und und und. Das hatte man schon so im Hinterkopf. Aber man hat sich immer damit entschuldigt, wenn das der Führer wüsste. Man hat immer gesagt, das ist

Philipp von Boeselager 1939.

der Gauleiter. Es war ja praktisch in Deutschland eine geteilte Regierung. Die offizielle Beamtenregierung, der Bürgermeister und Landrat usw. Daneben der Ortsgruppenleiter und der Gauleiter der Partei, die viel mächtiger waren als die offizielle Regierung. Und da hat man gesagt, ja das sind die. Wenn das der Führer wüsste. Der Führer wusste es aber nicht nur, sondern er hatte es angeordnet. Aber das dauerte lange, bis man das wusste. Man wollte es dann auch nicht zur Kenntnis nehmen, denn dann hätte man ja was tun müssen.

Sie haben sich entschlossen, Ihr eigenes Leben einzusetzen gegen das große Unrecht der Diktatur unter Hitler. Welche Überlegungen gingen dem voraus?

Ja, es war von vorneherein, von der Machtübernahme angefangen, möchte ich sagen, so ab 1934, als dann die Zeit kam, in der Ketteler umgebracht wurde, und nach dem Polenfeldzug, da war ich skeptisch. Und dann langsam kam ich zur Ablehnung. Ich war kaum bei Kluge Ordonnanzoffizier, da bekam ich eine Meldung aus dem rückwärtigen Raum, da stand am Schluss dieser Meldung: »Fünf Zigeuner sonderbehandelt.« Das war der Raum, der der SS unterstand, dem SS-Obergruppenführer von dem Bach-Zelewski. Und ich trug dem Kluge das vor. Ich wüsste nicht, was das heißt, »Sonderbehandlung«. Sagt er, weiß ich auch nicht, aber wir fragen den Bach-Zelewski, der kommt ja in ein paar Tagen. Der kam auch und hielt einen Vortrag. Das Gebiet war für uns interessant, weil die Straßen, die Bahn durch das Gebiet zur Heeresgruppe nach vorne führten. Und am Schluss, wie er fertig war, erinnerte ich den Kluge an die Frage. Und da sagte der Kluge: »Ja, sagen Sie mal, in ihrer Meldung stand ›Fünf Zigeuner sonderbehandelt‹. Was haben Sie gemacht?« »Die haben wir erschossen.« »Wieso erschossen, nach einem kriegsgerichtlichen Urteil?« »Nein, alle Zigeuner und Juden erschießen wir.« Es gab einen lebhaften Disput zwischen Kluge und Bach-Zelewski, den der Kluge darauf hinwies, dass das gegen die Haager Konvention wäre und und und. »Außerdem erschießen wir nur Partisanen.« Der Bach-Zelewski wurde immer frecher und sagte: »Alle Feinde des Reiches werden von uns erschossen« und guckte den Kluge an. Das war eine Drohung. Kluge warf ihn fast raus und rief sofort den Halder an. Aber sofort. Und sagte, er verbäte sich das, da müsste eingegriffen werden, denn wir züchteten hinter uns ja nur Partisanen. Mit der Widerrechtlichkeit zu argumentieren war damals schon beinahe sinnlos. Wir bekamen von da an keine Meldungen mehr aus dem Gebiet. Es war mir klar, dass der Bach-Zelewski weiter so handelte.

Das war das erste Mal, dass ich offiziell, 1942, am 10. Juni 1942, ich weiß das Datum ganz genau, dass ich offiziell gehört habe, dass von oben das Morden an Juden und Zigeunern befohlen ist. Den Kommissarbefehl, den hatten wir ja nicht bekommen. Den hatte Tresckow angehalten oder irgendein Armeeoberbefehlshaber, der Befehl, der besagte, dass alle Juden und Kommissare, die man schnappte, sofort zu erschießen wären. Der ist bei uns nicht durchgekommen. Aber hier hatte ich jetzt offiziell gehört, dass die das machten. Und habe mich dann in der Heeresgruppe umgehört. Und hörte, dass die ja wussten von der Judenerschießung in Borissow im Oktober 1941, da hat die lettische SS 7 000 Juden erschossen. Grauenhafte Geschichte. Die hat der Gersdorff zufällig erlebt, und Axel von dem Bussche hatte das auch erlebt. Und dann … mehrere Fälle. Sodass mir klar war, das war kein Zufall. Das war kein besoffener SA-Mann, der da schießt, was immer passiert in jedem Krieg bei sechs Millionen Soldaten, dass irgendwo eine Schweinerei passiert. Nein, es war angeordnet.

Und dann kam eben die Dotation an Kluge, dann kamen Tresckows Gespräche jeden Tag, wo wir uns auch langsam über solche Sachen unterrichteten. Und er gab mir Meldungen, aus denen hervorging, dass da und dort wieder ein paar umgebracht worden waren, aber nicht, wie gesagt, von einem besoffenen Kerl, sondern angeordnet. Und dann eben die Frage von Tresckow: »Machst du mit, das zu stoppen?« Ich habe mir das, glaube ich, zwei Tage überlegt, und dann habe ich »ja« gesagt. Es war mir sehr unangenehm. Ich sage immer wieder, ich wäre viel lieber am Nordpol gewesen. Dass man mich nicht gefragt hätte. Aber man hat mich gefragt, und nach zwei Tagen habe ich mich entschieden: »ja«. Und war immer mal wieder schwankend, muss ich sagen, aber ich hatte »ja« gesagt, und da war die Sache an sich klar.

Aber mir wurde immer klarer, dass die Sache höchstwahrscheinlich danebengehen wird, und auf der anderen Seite wurde ich immer wieder neu animiert, dazu zu stehen: Ich weiß nicht, wann das genau war, da kam der Hauptmann Bettermann zu mir, den kannte ich ganz genau von der Panzerkompanie, wir hatten in Frankreich zusammen gekämpft. Der kam aus seinem Urlaub und war in einem Zug mit zwei SD-Leuten zusammen gefahren, und die hatten sein ganzes Abteil voll Alkohol gehabt und waren langsam auch betrunken gewesen und hatten dann berichtet, dass sie bei der Heeresgruppe Süd bei Manstein 250 000 Juden umgebracht hätten. Und hatten ihm im Einzelnen geschildert, wie sie das gemacht hatten. Der Bettermann war vollkommen zerstört und kam zu mir, um sich auszukotzen. Und sie hatten gesagt, sie wären jetzt zur Heeresgruppe Mitte versetzt worden, um die endlich auch »judenrein« zu machen. Ich rief dann sofort meinen Bruder an, der mein Kommandeur war, und sagte, ich muss zu Kluge, ich war ja vorher gerade noch Ordonnanzoffizier bei ihm gewesen, und habe das dem Kluge gemeldet. Und er sagte: »Gehen Sie zu Tresckow, das muss unterbunden werden.« Ich habe das dem Tresckow gemeldet, und der Tresckow hat dann, wie ich hinterher erfahren habe, einen Befehl rausgegeben, dass das Sammeln und Versammeln von Zivilisten verboten wäre, und wo das geschähe, sei es der Heeresgruppe sofort zu melden. Und ich war dann mit der Rosy, meiner Frau, ich glaube 1983, aber ich weiß es nicht mehr genau, in Yad Vashem und habe mich da erkundigt, und da sagte man nach langem Hin und Her, das ist ja sehr mühsam … aber die haben ja eine phantastische Kartei, sagten die, ja, elf Juden wären noch in Minsk umgebracht worden und der Prozess gegen den SS-Führer wäre in Essen irgendwann gelaufen. Sonst wären danach keine Juden mehr umgebracht worden.

Durch Bettermann wusste ich: jetzt wieder 250 000 Juden. Das ist Völkermord. Und wenn man dann gefragt wird: Stoppst du das, stoppst du nicht? Dann bleibt einem nichts anderes übrig, wenn man nachts schlafen will, als zu sagen »ja«.

Das hat nichts mit der Verteidigung des Soldaten zu tun.

Wir sind ja hinterher, nach dem 20. Juli 1944, nach Ostpreußen verlegt worden; erst vor die ostpreußische Grenze und dann nach Ostpreußen. Ja selbstverständlich haben wir da gekämpft wie die Verrückten, weil hinter uns waren die flüchtenden Frauen und Kinder, die da noch immer von den Ortsgruppenleitern festgehalten wurden. Die große Schwierigkeiten hatten, überhaupt fliehen zu dürfen – und wir wussten ganz genau, was mit denen passieren würde. Wir hatten das schon in Polen gesehen, wie die Russen gehaust hatten. – Ich habe schreckliche Geschichten gesehen. – Also, dass wir da gekämpft haben zum Schutze der Deutschen, war ganz klar. Es ging damals aber nicht mehr darum, das muss ich sagen, wie 1939 um den Sieg, oder Deutschland in den alten Grenzen zu halten. Das war schon vollkommen klar, dass Pommern und alles weg war. Trotzdem haben wir gekämpft, um die Deutschen zu schonen und um die Heimat zu schützen. Wenn wir im Westen gewesen wären, hätten wir kapituliert. Ganz sicher hätten wir kapituliert. Aber wir waren eben im Osten.

Das heißt, man trennte die Aufträge? Auf der einen Seite das Kriegführen im Namen Hitlers, auch unter dem Treueeid Hitlers, und andererseits den inneren Auftrag, Hitler umzubringen, das Verbrechen zu stoppen. Konnte man das so trennen?

Das waren ganz verschiedene Sachen. Es war gar keine Frage, dass wir die Frauen und Kinder schützen würden. Dafür waren wir als Soldat aufgerufen. Das hatte nichts damit zu tun, dass wir wussten, dass der Hitler seinen Krieg verloren hatte und je schneller der Krieg verloren ist, umso besser. Was natürlich auch für einen Offizier eine grauenhafte Vorstellung ist. Wir waren ja nicht Offizier geworden, um den Krieg zu verlieren. Und jetzt wollten wir, dass der Krieg möglichst schnell verloren wird, damit Schluss ist. Eine verrückte Vorstellung. Aber das hatte gar nichts zu tun mit dem Attentat. Das Attentat sollte ja nur sein, um den Krieg zu beenden. Um die Verbrechen zu stoppen.

Bis 1942 etwa, bis kurz vor Stalingrad, war geplant, das Reich zu erhalten in den Grenzen von 1938. Also Memel, Sudetenland, Österreich dabei, Polen wird wiederhergestellt, Elsass-Lothringen wird auch wiederhergestellt. Nach 1942 war klar, auch nach dem Abkommen, das die Alliierten geschlossen hatten, dass Ostpreußen und alles verloren waren. Da ging es jetzt nicht mehr darum, den Krieg halbwegs siegreich zu beenden, sondern es ging nur drum, die Verbrechen zu stoppen. Deshalb hat der Stauffenberg ja auch gefragt, lohnt es sich überhaupt noch ... das Attentat, der Krieg ist ja verloren? Lohnt es noch? Da hat Tresckow gesagt, wegen der Verbrechen lohnt es sich. Wir müssen die Verbrechen stoppen. Damit die Öffentlichkeit sieht oder damit die Welt sieht, dass es welche gibt, die die Verbrechen stoppen wollen.

Sind bei Ihnen trotz allem jemals Zweifel an Ihrem Tun oder an der Entscheidung aufgekommen? Und wie sind Sie damit umgegangen?

Doch, es sind immer wieder Zweifel aufgetaucht, weil ich genau wusste, dass diese Sache höchstwahrscheinlich danebengeht. Lohnt es sich? Wirst du nur erschossen, und es passiert gar nichts, oder können wir damit den Hitler stoppen? Wir sind ja nur 16 Mann. Was passiert in Paris? Usw. Aber dann kam diese ganze »Walküre«-Geschichte, sodass berechtigte Hoffnung war, wenn das Attentat glückte, dass es dann auch zu einem Umsturz käme und zur Beendigung des Krieges. Aber ich habe x-mal gezweifelt. Aber ich hatte »ja« gesagt, und damit war für mich die Sache klar. Das war meine Ehre ... das war selbstverständlich. Solange Tresckow da mitmacht, mache ich auch mit. Weil Tresckow ein vorbildlicher Offizier und ein vorbildlicher Mensch für mich war.

Gab es innere Konflikte, oder waren Sie damals zu jung dafür?

Ja, der Konflikt war, dass man sich immer wieder fragte, man war ja ganz allein, ich konnte mit keinem darüber sprechen. Mit keinem Einzigen. Auch mit meinem Bruder, der dann später dazukam, habe ich nicht mehr darüber gesprochen. Aber ich war mir da auch schon klar. Aber ich habe natürlich all diese Fragen des Eides usw. ... hat man sich schon sehr genau überlegt. Und hatte immer wieder Versuchungen, zu sagen, nein, du darfst nicht. Weil das andere war ja viel angenehmer. Nicht mitzumachen wäre ja viel angenehmer gewesen. Aber es kam eben auch dazu, als Offizier hatte ich »ja« gesagt, und dann bleibe ich auch dabei. Besonders weil ich den Tresckow auch so verehrt hatte. Es war mir klar, wenn der Tresckow das macht, dann ist das eine Sache, die man machen muss. Weil er ein überzeugender Christ war und ein überzeugender Patriot. Beides kam zusammen. Also er war als Offizier für mich eine vorbildliche Figur.

Wie sind Sie mit der Angst vor Entdeckung einerseits und vor der Todesstrafe andererseits im Alltag umgegangen?

Ich war ja bei Kluge Ordonnanzoffizier gewesen, und wir flogen da immer weit über das Land, wo kein Mensch, kein deutscher Soldat war, und in dieser Zeit passierte es, dass der Feldmarschall Model durch Partisanen im Hubschrauber angeschossen und verwundet worden war. Und Kluge fragte mich eines Tages: »Boeselager, was machen Sie, wenn Sie geschnappt werden?« Denn wir flogen immer in zwei Fieseler »Störchen«, damit, falls einem was passierte, ein »Storch krank« wurde oder so, dass man umsteigen konnte. Und da sagte ich: »Herr Feldmarschall, da bleibt ja nichts anders übrig, als sich zu erschießen.« Als Ordonnanzoffizier der Heeresgruppe wusste ich über die Gesamtlage bis zur Kompanie alles ganz genau, das verlangte der Kluge. Und ich wusste auch, dass die Russen die Möglichkeit hatten, einen zu foltern. Da bleibt einem nichts anderes übrig, als sofort die Pistole zu ziehen und sich zu erschießen.

Da sagte er: »Wollen Sie es nicht angenehmer haben? Ich habe Zyankalikapseln. Wollen Sie nicht eine haben?« »Ja«, sagte ich, »gerne. Ja, woher haben Sie die denn?« Da kam raus, dass sein Schwiegersohn, der Professor Esch aus Münster, ihm die verschafft hatte bei Beginn des Krieges. Und die habe ich den ganzen Krieg von da an hier in der Brusttasche gehabt. Und nach dem 20. Juli habe ich die Tasche, die war sonst immer zu – man hatte als Offizier oder Soldat ja sowieso immer alle Taschen zu –, immer offen gehalten. Weil ich Angst hatte, du bist dann nervös und kommst nicht mehr rein, wenn die Tasche zu ist. Bin immer angemopst worden, »Boeselager, machen Sie doch die Taschen zu.« Und da habe ich immer eine blöde Ausrede gefunden, dass ich die Tasche offen lassen konnte. Und erst am 8. Mai, als wir von Ungarn kommend über die österreichische Grenze gingen und der Krieg zu Ende war, habe ich die Zyankalikapsel beim Ritt über die Mur in die Mur geworfen. Da war mir klar, du wirst nicht mehr geschnappt. Bis dahin habe ich immer damit gerechnet, dass mich irgendjemand nachts verhaften würde. Bis zum 8. Mai 45.

Welche Konsequenzen des hochgeheimen Plans und Tuns haben Sie bewusst in Kauf genommen? Welche konnten Sie gar nicht übersehen? Und was war auch gefühlsmäßig unkalkulierbar?

Ja, es war einem nicht klar, ob dieser »Walküre«-Plan wirklich durchgeführt würde. Ich war sehr skeptisch, ob das klappen würde, ob man überall Leute finden würde, die dann auch wirklich durchgreifen würden. Das heißt, in ihrem Wehrkreis dafür sorgen würden, dass die SS festgenommen oder stillgesetzt würde. Dass das alles klappen würde, schien mir sehr unwahrscheinlich. Mir ging es ja auch letztlich in der Hauptsache darum, den Hitler zu töten. Das war eine Sache, die ich einschätzen, übersehen konnte noch. Es war ja geplant, dass wir nach Berlin geflogen würden, um das Attentat in Berlin abzusichern. Also, dann würden wir das schon übersehen, örtlich jedenfalls und da hatte ich keine Angst … beim Festnehmen der SS in Berlin oder so. Ich konnte mich auf meine Soldaten hundertprozentig verlassen. Da habe ich keine Bedenken gehabt. Aber ob das alles so kommen würde bis dahin, da war ich sehr skeptisch.

Sind Sie besonders tapfer oder besonders mutig?

Nein, weder das eine noch das andere. Wenn man Offizier ist, kann man sich schlecht drücken. Und das habe ich nie getan. Es war bekannt von meinem Bruder und mir, dass wir bei Angriffen immer die Mütze aufbehielten, nicht den Stahlhelm. Das hatte den Vorteil für die Soldaten, dass die immer genau erkennen konnten, wo der Kommandeur war. Wenn Meldungen zu machen waren und so, war das ja sonst, wenn man vorging, kompliziert: Alle hatten Stahlhelme auf, da konnte man keinen erkennen. Aber mein Bruder und ich, wir hatten immer die Mütze auf, und deshalb konnten alle Soldaten sehen: Wenn es schießt, ist er dabei. Sonst ist der hinten, sitzt der irgendwo hinten rum, geht jagen oder macht irgendwas, aber wenn es schießt, ist er da. Das wussten die Soldaten.

Die Anspannung bei der Vorbereitung einer Tat war ja enorm – und dann die Enttäuschung, wenn es schiefgegangen war. Woher nahmen Sie die Kraft weiterzumachen, nach den jeweiligen Fehlschlägen?

Ich habe eigentlich ja nur einen Fehlschlag wirklich miterlebt, damals beim Hitlerbesuch am 13. März 1943. Das war schon eine harte Geschichte. Besonders nachdem ich dann noch hörte, dass die beiden anderen Anschläge ... Das habe ich in dem Moment gar nicht gewusst, dass Tresckow die gemacht hatte, also die Bomben ins Flugzeug getan ... und Gersdorff sollte im Zeughaus den Hitler durch ein Selbstmordattentat umbringen. Das habe ich kurz darauf gehört. Da dachte man, verdammt noch mal, da sitzt schon der Teufel drin, das kann gar nicht mit allen guten Dingen zugehen, dass der Kerl so viel Glück hat.

Das war schon deprimierend, muss ich sagen. Aber, Sie müssen sich vorstellen, ich war ja, wir waren im Krieg, da war dauernd was zu tun. Ich hatte auch direkt andere Sorgen. Die näher liegenden Sorgen. Wichtige Sorgen, die hatte man immer im Hinterkopf. Aber vorneweg galt, wie das Gefecht jetzt geführt würde. Wie man das und jenes macht.

Schon in Frankreich haben Sie eine Pistole gegen einen deutschen Offizier gezogen, um Ihre Verabredung mit den Franzosen zu verteidigen und eine unblutige Übergabe sicherzustellen und um zu Ihrem Wort zu stehen. Waren Sie besonders selbstsicher? Hatten Sie Angst? Hatten Sie Todesangst? Karriereangst?

Karriereangst habe ich nie gehabt. Das war mir völlig egal, was ich mache. Nein, es war ausgemacht mit den Franzosen, ich hatte denen mein Wort gegeben. Das hatte ich natürlich als Offizier damals gelernt, dass, wenn ein Offizier sein Wort gibt, dann ist das so. Und ich hatte dem Franzosen, dem Offizier, die Hand gegeben und habe gesagt »jawohl«. Wir hatten ausgemacht, dass die Franzosen den Ort um 19 Uhr räumen und wir kommen um 19.05 Uhr. Das hatte ich mit einem Handschlag bestätigt, und damit war für mich die Sache geklärt. Und es war ja auch völlig harmlos. Wie der Major von Gersdorff zurückfuhr, sagte er: »Boeselager, Sie sind mir verantwortlich, dass die Vereinbarung eingehalten wird.« Sage ich: »Selbstverständlich, ist ja kein Problem, wir sind ja hier alleine.« Man konnte ja nicht ahnen, dass dann der Kommandeur kam, der noch unbedingt am Schluss des Feldzugs das Ritterkreuz ... oder was haben wollte, und anderer Ansicht war. Und, es war mir völlig klar, wenn ich das gesagt habe, habe ich es gesagt. Ich habe an weitere Folgen gar nicht gedacht. Weder an Karriere noch an Angst noch an irgendwas, sondern, es war mir klar ... und ganz intuitiv habe ich die Pistole gezogen. Das war auch kein langes Überlegen. Es hatte die eine Folge, dass, wie ich zur Heeresgruppe kam, wo Gersdorff, der dort Ic war, mich gleich damit empfangen hat, dass er sagte: »Ach, Sie sind ›die Pistole‹.« Er hatte die Geschichte erzählt, dass ich die Pistole sehr locker hätte, und dadurch bin ich wahrscheinlich auch bald als Jüngster zum Widerstand gestoßen, weil sie gewusst haben: also der ... wenn der dann »ja« sagt, dann ist es auch so.

Gab es für Sie Konfliktsituationen, in denen die verschiedenen Wertesysteme aufeinanderprallten? Im Kleinen oder im Großen?

Nein, mein Patriotismus, den ich damals ganz selbstverständlich hatte, war gar kein übertriebener Nationalismus, das war ein Patriotismus. Ich habe Ihnen ja gesagt, ich habe geglaubt beim Polenfeldzug, wir verteidigen unsere Heimat. Ganz selbstverständlich. Bei Frankreich war es schon ein bisschen schwieriger zu glauben. Russland kam ... von Anfang an war ich etwas skeptisch, weil ich hatte mich zufällig auf der Schule mit den Abenteuern Napoleons beschäftigt und hatte dann auch so einiges im Hinterkopf über Nachschub, als damals die französischen Truppen so gelitten haben. Also da war man schon skeptischer. Aber die Erfolge Hitlers waren ja so enorm, dass man wirklich Vertrauen hatte in seine Kriegsführung. Und dann kam der Widerstand dazu. Das waren zwei Sachen, die nebeneinander herliefen. Auch der Widerstand beschäftigte einen ja nicht den ganzen Tag. Sondern den ganzen Tag beschäftigte einen der Krieg.

Philipp von Boeselager 1944.

Auch schon im Frieden hatte uns ja nicht der Nationalsozialismus beschäftigt. Es war so: Es gab relativ viele Kavallerieregimenter nach dem Versailler Vertrag im 100 000-Mann-Heer. Und als es dann aufgestellt und vergrößert wurde, musste die Kavallerie sehr viele Offiziere an die Panzer und an die Flieger abgeben, was sie gerne tat, weil das waren ja verwandte Truppenteile irgendwie. Wenn man Kavallerist bleiben wollte, musste man reiterliche Erfolge haben. Das heißt, man musste Rennen oder Turniere reiten. Ich hatte Spaß am Reiten, und das hatte zur Folge, dass ich jeden Morgen mit meinem Bruder Georg und noch mit einem anderen Leutnant zusammen von Paderborn aus nach Quelle bei Bielefeld fuhr, um dort die Rennpferde zu trainieren. Vor dem Dienst. Dann fuhren wir 30 Kilometer nach Quelle und ritten drei, vier Runden auf irgendwelchen Rennpferden des Regiments und rasten wieder zurück. Weil man nassgeschwitzt war, duschte man sich, der Bursche fütterte einen derweil, damit wir um halb acht morgens die Schwadron, die angetretene Schwadron, dem Chef melden konnten. Das war morgens. Da stand man also schon vor fünf Uhr auf, um das zu erledigen. Und nachmittags, nach dem Dienst, der so um 16, 17 Uhr schloss, ritt man dann seine Turnierpferde zu. Springen, Dressur usw., sodass man abends total erledigt in sein Bett fiel. Das machte aber Spaß. Aber über Politik wurde da nicht gesprochen. Überhaupt nicht. Da war auch gar keine Zeit, sondern man sprach über die Pferde und über das nächste Turnier und über die Chancen und ob man dorthin gehen sollte. Das war ja so, dass man mit seinem Pferd an drei Turnierplätzen »genannt« worden war, so hieß das. Dort hatte man ursprünglich sich genannt, dann guckte man, wer wo ritt, und – je nachdem, welche Chancen man auf dem Turnierplatz hatte, – wechselte im letzten Moment den Turnierplatz. So dass man dann in München ritt. Das war dann auch außer Dienst, man musste abends wieder nach Hause. Und nicht auf der Autobahn, sondern mühsam mit seinem kleinen Auto. So dass man vollkommen mit seinem Sport, mit den Reitereien, und mit dem Dienst beschäftigt war. Politik spielte überhaupt keine Rolle.

Gab es Situationen, die für Sie besonders schwer auszuhalten waren?

Ja natürlich, wie mein Bruder gefallen ist, das war schon für mich … wir waren wie Zwillinge. Er war der Bessere, der Tapferere, aber auf der anderen Seite hatte ich auch … wir beide ergänzten uns sehr gut, und er war mein Kommandeur. Ich habe nie große Befehle bekommen, weil er sagte: »Du, da ist das und das.« Da sagte ich, ja, ja ist schon klar. Weil ich wusste, was kommen würde. Es war eine einmalige Zusammenarbeit zwischen uns beiden, und kurz bevor er gefallen ist, kriegte er die Brigade, und ich kriegte das Regiment in einer Nachbardivision neben der Brigade, was ich versucht hatte zu verhindern, weil ich wollte bei ihm und unter ihm bleiben. Mich interessierte gar nicht, ob man ein Regiment kriegte oder nicht. Das war auch alles egal. Das Regiment war damals nicht viel stärker als eine Abteilung, und die Abteilung war nur eine starke Schwadron durch die Verluste, die man hatte.

Wie er dann gefallen ist, das war schon ein ganz schlimmer Schlag für mich. Es war mein dritter Bruder, der gefallen war, und ich wusste auch, was das für die Eltern bedeutete. Mein ältester Bruder, der für uns alle schon der pater familias gewesen war, so ein großes Vertrauen hatten wir alle zu meinem ältesten Bruder, der war schon am Beginn des Russlandfeldzuges gefallen. Der konnte es mit meiner Mutter besonders gut. Wir konnten es alle mit unseren Eltern gut, aber er konnte es besonders gut mit meiner Mutter. Und der Georg konnte es besonders gut mit meinem Vater, der stolz auf ihn war. Also mir war klar, das war wirklich entsetzlich.

Der Ritt vor dem 20. Juli, um den Staatsstreich militärisch abzusichern und zu stützen, war ja eine große logistische Herausforderung. Woher nahmen Sie die enorme Konzentration – neben der Kriegsführung, die ja auch ihre eigene Logik hatte?

Das war vorher schon geklärt. Es war so gewesen: Im Sommer 1944 machten die Russen einen Großangriff gegen die Heeresgruppe Mitte. Die Heeresgruppe Mitte hatte vier Armeen. Davon wurden die drei nördlichen Armeen von den Russen vernichtet. Wir waren bei der 2. Armee, der südlichsten, deren Chef Tresckow war. Wir gingen als wandernder Kessel zurück. Die Kavallerie, das heißt die beiden Kavalleriebrigaden, die es gab, machten »hinhaltenden Widerstand«. Das ist eine Kampfart, die besonders für die Kavallerie geeignet ist. Man besetzt eine Linie mit einem Drittel des Regiments und erkundet gleichzeitig die zweite Linie fünf, sechs Kilometer dahinter, die von dem zweiten Drittel besetzt wird. Und das dritte Drittel bereitet das Sprengen von Minen, von Brücken, von Straßen vor und erkundet schon locker eine dritte Linie. Man tut so, als wenn man sich verteidigen wollte in der ersten Linie, das heißt, man zwingt den Feind richtig aufzumarschieren mit seiner ganzen Artillerie und allem. Das dauert eine Weile. In der Zwischenzeit fließt die Infanterie marschierend weg. Und wenn dann der Gegner richtig angreift, dann haut man ab. Dann hat man die Pferde hinter einem Waldstück oder hinter einem Hügel aufgestellt und verschwindet auf die Pferde und geht in die dritte Stellung rein.

Das ist sehr schwer zu führen, weil man aufpassen muss, dass es keine Flucht wird. Sondern dass die dann hinten wieder aufgefangen werden, während man selbst in die zweite Stellung geht, die jetzt die vorderste Front ist. Weil man selbst vorne immer an der Front ist, weil man da nur führen kann, wenn man sieht, wie die Lage ist. Ob der

Feind schon richtig aufmarschiert ist und so weiter. Als Kommandeur ist man dafür selbst verantwortlich. Sodass alles, was nach hinten geht, außerhalb der Einflussnahme ist. Das musste genauestens vorbereitet sein. Wo ein Offizier ist, der die auffängt, und so weiter. Das hatten wir 14 Tage gemacht. Und waren jetzt gerade bei Brest-Litowsk angekommen, wo eine feste durchgehende Linie von der Organisation Todt für die Infanterie gebaut worden war. Sodass wir dann wieder rausgezogen wurden als Heeresgruppenreserve für Tresckow.

Tresckow wollte uns ja immer als Heeresgruppenreserve für einen Staatsstreich haben. Und bevor das losging, hatte Tresckow gesagt, das Attentat würde jetzt in nächster Zeit stattfinden und wir sollten nach Berlin, und mein Bruder und ich hatten besprochen, dass wir zu einem Sammelort in Polen, ostwärts von Warschau, reiten würden. Dort sollten Lkws kommen, weil da das Heeresgruppennachschublager war. Wir sollten mit den Lkws zu einem Feldflugplatz fahren und von dem Feldflugplatz aus nach Berlin. Das war schon Wochen vorher besprochen. Aber jetzt wurde das aktuell.

Ich kriegte einen Befehl von meinem Bruder, der verwundet und beim Stabe Tresckow war: »Aufgepasst Philipp, das Attentat steht kurz bevor, hast du schon Leute bereit?« Darauf habe ich die erste Einheit, die vorderste Linie schon gleich weiter nach hinten geschickt, nicht in die dritte Stellung, wo sie hingehörte, sondern schon weiter nach hinten. Und am 18. kriegte ich den Befehl von ihm: »Auf nach Berlin!« Da habe ich die anderen Schwadronen aus der ersten und zweiten Linie rausgeschickt. Aber in der dritten Linie musste ich noch bleiben. Wir mussten ja noch die Infanterie schützen, die in ihre Stellung reinging. Nachdem die in den Stellungen drin waren, bin ich mit dem Auto hinterhergefahren. Und dann haben wir uns an dem Ort, wo die Lkws sein sollten, gesammelt. Die ersten waren schon da. Die anderen waren noch unterwegs. Dann haben wir noch aufmunitioniert, weil jeder musste seine Munition ja am Leibe tragen. Denn Pferde und alle Nachschubgeschichten blieben ja da. Wir sollten ja mit dem Flieger nach Berlin. Und während wir gerade aufsitzen wollten auf die Lkws, da kam eine Meldung von meinem Bruder: »Alles in die alten Löcher.« Das war das Stichwort für: Attentat nicht ausgeführt. Ich wusste nicht, dass es gescheitert war. Ich wusste nur, es war nicht ausgeführt worden. Aber dann konnten wir ja auch nicht nach Berlin. Wir konnten ja nur nach Berlin, wenn Hitler tot war. Wenn der Umsturz geglückt war. Dann sollten wir den Umsturz absichern. So mussten wir wieder zurückreiten an die Front. Weil das sonst aufgefallen wäre. Und besonders deshalb sind wir, glaube ich, davongekommen: Nördlich von uns war eben keiner. Diese drei Armeen waren mehr oder weniger kaputt. Und wir sind dann – wirklich ein sehr schwieriger Krieg – vor die ostpreußische Grenze verschoben worden. Da waren keine deutschen Soldaten mehr, und da kam langsam was aus dem Reich und verstärkte uns. Und da ist bei diesen harten Kämpfen vor der ostpreußischen Grenze mein Bruder gefallen, und wir sind dann nach Ostpreußen zurückgegangen. Also es war dann, nach dem 20. Juli, keine Zeit mehr, über Attentat oder irgendetwas nachzudenken, sondern es waren ganz, ganz harte, erbitterte Kämpfe. Die man sehr genau führen musste und die führungsmäßig sehr schwierig waren. Wo man wirklich Tag und Nacht unterwegs war, um das alles zu koordinieren.

Die todbringenden logistischen Schwierigkeiten, Sie haben es ja auch gerade schon angedeutet, mussten von vornherein erkannt und analysiert werden. Gab es da zu dem Zeitpunkt und in dem Stadium Momente des Zweifels?

Ja, ob wir genug Flieger hätten und ob wir genug Lkws hätten um tausend Leute zu befördern. Ich habe das auch meinen Bruder gefragt, Wo kommen die JU's her? Er sagte, das weiß ich auch nicht, aber wenn der Tresckow sagt, die sind da, dann sind sie da. Dann wird das schon irgendwie organisiert. Aber da hatte ich auch meine Zweifel, ob das alles klappen würde. Weil wir mussten ja tausend Mann auf Lkws transportieren mit dem Maschinengewehr usw., da mussten schon ein paar Fahrzeuge da sein. Ich hatte Zweifel, aber das Erste hat sich gelöst: also die Lkws waren da. Aber ob die Flieger da gewesen wären, weiß ich nicht.

Man hatte keine Zeit, über diese Zweifel nachzudenken, oder haben die einen innerlich beschäftigt?

Nein, das hat mich nicht beschäftigt. Wenn der Tresckow sagt, das ist so, dann war es für mich so. Tresckow war ein hervorragender Soldat, der alle Schwierigkeiten übersah. Hochintelligent, kein stumpfer Soldat. Wenn er sagte, das ist so, dann ist es auch so. Da konnte man sich darauf verlassen.

Wo fanden Sie moralische Stütze oder Hilfe? Sie haben gesagt, Sie konnten sich auf Tresckow verlassen. Auf wen konnten Sie sich noch verlassen?

Auf keinen. Ich habe nur mit meinem Bruder darüber gesprochen. Man hat viel weniger darüber gesprochen, als man heute glaubt. Wenn man gesagt hat ›ja‹, dann war das ›ja‹; damit war die Sache erledigt. Mit Eid und all diesen Fragen hat man sich viel weniger beschäftigt. Ich habe mich vorher etwas damit beschäftigt, wie gesagt. Ich war abends beim Stab der Heeresgruppe, wenn wir mit Tresckow zusammen waren. Aber man blieb eigentlich alleine. Es gab keinen Beichtvater, um mich katholisch auszudrücken, mit dem man das besprechen konnte, noch einen anderen. Weder in religiöser Beziehung noch sonst. Das musste man mit sich selbst abmachen. Und nachdem ich das einmal getan hatte, war die Sache für mich erledigt.

Konnte man zu Hause mit der Familie in Andeutungen sprechen?

Ich habe das nicht getan. Ich wusste, meine Eltern sind skeptisch und lehnen die Nazis ab, da brauchte ich gar nicht … das war völlig klar. Aber dass ich einen Umsturz plante, oder mein Bruder, und wir uns am Umsturz beteiligten, darüber habe ich keinerlei Andeutungen gemacht. Weil ich wusste, das kann sie nur noch mehr gefährden.

Mein Vater hätte das dann auch ganz sicher zugegeben, wenn er verhaftet worden wäre. Also, das kam gar nicht in Frage, dass ich irgendeine Andeutung machte. Habe natürlich gesagt, der Krieg ist verloren Das wusste jeder, der 2 x 2 = 4 rechnen konnte. Dass 1944 der Krieg verloren war, das war klar. So was hat man sicher gesagt, weiß ich nicht. Aber wir haben dann, wenn man zu Hause war, gejagt. Da ließ man alles fallen, so gewissermaßen, und freute sich an der Familie und ging raus in den Wald und hatte seine Ruhe und jagte ein bisschen oder so.

Nach dem gescheiterten Attentat, wie haben Sie sich da gefühlt? Haben Sie sich womöglich sogar als Versager empfunden?

Nein, überhaupt nicht, sondern ich habe jeden Tag Angst gehabt – das sagte ich ja –, dass ich geschnappt würde. Ich war ganz sicher, dass ich geschnappt würde. Weil jeder wusste, dass wir mit Tresckow befreundet waren. Wir waren mittags oft mit ihm ausgeritten und so. Beim Heeresgruppenstab wusste man, dass wir, der Georg und ich, mit ihm eigentlich befreundet waren. Für mich war der Tresckow wie ein älterer Bruder. Etwas überhöht – ich hoffe, ich mache mich verständlich. Zu dem ich größtes Vertrauen hatte. Und ich war ganz sicher, dass wir geschnappt würden. Ich glaube, wir sind nur nicht geschnappt worden, weil wir die Einzigen waren, die an der Front tätig sein konnten, um vor Ostpreußen zu sichern, und außerdem hatten die Soldaten auch keine Zeit.

Wir sind wie die Narren 200 Kilometer hingeritten und haben die Pferde abgegeben. Kaum war es so weit, dass wir auf die Lkws sollten, wurden die Pferde wieder zusammengeholt ... aufsitzen ... und wieder wie die Verrückten geritten. Ich habe die hier mal gefragt, die Offiziere, nach dem Krieg, was sie geglaubt hätten. Da haben sie gesagt, ja skeptisch wären sie gewesen, weil wir durch Brest-Litowsk im Trab geritten seien. Trab! Brest-Litowsk war, während wir da durch ritten, »fester Platz« geworden. Fester Platz hieß, dass der Kommandant das Recht hatte, alle Soldaten, die da drin waren, zu behalten. Er brauchte keinen mehr rauszulassen. Also hatten wir Angst, dass wir nicht mehr rauskommen. Deshalb habe ich gesagt, Trab. Und das war eine Todsünde als Kavallerist mit Pferden über Kopfsteinpflaster zu traben, denn die rutschen mit den Eisen auf dem Pflaster. Und das hatte es noch nie gegeben. An einer Ecke stand dann mein Bruder, da haben sie vor Angst »durchpariert«. Und da hat er ihnen zugerufen: »Vorwärts Trab, Trab.« Das gab es nicht. Das war das Auffälligste an der ganzen Sache.

Dass wir so weit zurückritten, das passierte häufiger. Ich sagte ja, wir waren Heeresgruppenreserve. Dass wir dann weit zurückritten, um ganz anders eingesetzt zu werden, das passierte schon mal. Und außerdem haben die meisten gepennt beim Trab und im Schritt.

Nach dem Einsatz, den wir gehabt hatten in den 14 Tagen, auch beim Trab, beim Ritt, den 200 Kilometern, da haben die großenteils geschlafen. Und die haben gar nicht gedacht. Außerdem hatten die großes Vertrauen zu uns. Was die machen, das wird schon vernünftig sein. Die machen nix, um das Ritterkreuz zu kriegen. Das haben sie bereits. Verstehen Sie?

Aber Sie haben ihnen nicht erklärt, was Sie machen wollen?

Nein, um Gottes Willen, keinem Einzigen.

Gab es auch keine offizielle Erklärung, z.B. wir reiten jetzt dahin, weil der Truppenteil … ?

Nein, gar nicht. Ich habe am Schluss des Krieges wieder das Regiment gehabt, bin dann ins OKH versetzt worden, und am Schluss des

Krieges, da habe ich den Soldaten nichts davon erzählt vom 20. Juli. Auch am Schluss des Krieges nicht. Was nützt das? Wir kämpften ja in Ostpreußen, hinterher kämpften wir an der österreichisch-ungarischen Grenze, was nützte es, wenn ich denen was erzählte von den Schweinereien von Herrn Hitler. Die konnten sie nicht ändern. Sie konnten gar nichts ändern. Sie mussten kämpfen. Und ich habe sie, sobald der Krieg zu Ende war, habe ich die Österreicher sofort entlassen: sollten sehen, dass sie nach Hause kämen. Da war die Sache erledigt. Aber ich habe denen nichts davon erzählt vom 20. Juli. Das war ja damals vorbei.

Auch der Rosy, meiner Frau, habe ich erst nach unserer Hochzeit 1948 vom 20. Juli erzählt. Das war kein Thema bei uns. Auch der Krieg war kein Thema. Ich war am Leben geblieben und hatte Glück gehabt, aber sonst war das kein Thema. Thema war hier das Haus aufbauen, die Dächer flicken, und da fragte man auch nicht, ob der Mann, der einem hilft, ob der Nazi war oder nicht. Es ging darum, die Dächer zu flicken.

Und dann war das ja ein Tabu. Die ganze Nazizeit war zehn, 15 Jahre tabu. Und ich sage immer – ich halte ja jetzt oft Vorträge vor Schülern und Studenten, weil die mich fragen – und ich sage denen immer, das interessierte da keinen, die Lehrer waren ja alle Parteigenossen gewesen – mussten es. Austreten aus der Partei konnte man nicht. Dann kriegte man 23 Prozent Pension, und die Kinder durften nicht auf eine höhere Schule. Das täte heute auch keiner, tat auch damals keiner. Die Universitätsprofessoren waren auch alle Zwangs-Parteigenossen. Die sind alle geblieben. Also haben die dort nach dem Krieg nichts über die Nazizeit erzählt. Die ersten Jahre, als ich meine Vorträge hielt, habe ich festgestellt, dass in der Schule alle mit dem Ersten Weltkrieg den Geschichtsunterricht abschlossen. Die Nazizeit wurde gar nicht erwähnt, weil der Lehrer hätte sagen müssen: »Ich war auch Nazi.« Was ganz normal war. Was gar nichts Böses war, damals, in den meisten

Fällen. Die meisten waren ja ganz harmlose Leute. Aber 8 Millionen Parteigenossen hat es gegeben. Also alle waren es praktisch. Und die konnten ja auch nicht austreten. Mein Vater war 1934 eingetreten, der ist 1938 ausgetreten, als die Kreuze aus den Schulen kamen – und da hat man ihn geärgert, indem man ihm eine Jagd weggenommen hat. Das war ärgerlich, aber harmlos. Wenn er aber Studienrat gewesen wäre, hätten sie ihn mit 23 Prozent pensioniert. Das konnte man nicht erwarten. Also, die Nazizeit spielte bis zu meiner Enkelgeneration keine Rolle. Die Enkelgeneration fragt. Wieso war mein Großvater Nazi?

Hadern Sie manchmal mit dem Unternehmen 20. Juli, weil es so viel Opfer gekostet hat und trotzdem scheiterte? Es sind ja viele Freunde von Ihnen gestorben, gehängt oder umgebracht worden.

Nein, ich denke nur, wie komisch, dass du noch am Leben bist. Wie kam das eigentlich? Wie stellst du dir das vor? Und es war uns allen klar, dass das wahrscheinlich so laufen würde. Aber wenn man eben gefragt wird, 16 000 Menschen, machst du mit, machst du mit, dann würde ich heute noch genau dieselbe Entscheidung treffen müssen, glaube ich, wenn ich anständig schlafen wollte.

Philipp von Boeselager 1990 bei einer Ansprache vor Soldaten.

Was war für Sie der Sinn des 20. Juli?

Die Wiederherstellung des Rechts. Ich hatte keine Vorstellung über die demokratische Staatsform. Das war klar, dass das eine Republik sein sollte. Aber wie eine Republik aussehen würde, darüber habe ich mir ja gar keine Gedanken gemacht. Da gab es den Kreisauer Kreis, das wusste ich, und es gab einen Goerdeler, den habe ich zweimal gesehen bei Kluge und auch mit ihm gesprochen. Goerdeler kam, um Kluge Zünder zu erklären. Das war die offizielle Lesart. Die war natürlich so primitiv wie irgendwas. Das sah jeder, dass der Oberbürgermeister Goerdeler von Zündern nicht so furchtbar viel Ahnung hatte. Und den Kluge interessierte auch der Zünder nicht so viel. So wusste ich sofort, was da los war, und habe mit ihm dann auch noch ein bisschen so drüber ... so vorsichtig angesprochen. Man hatte Vertrauen, dass die Leute, die das gelernt hatten, was Vernünftiges tun. Auf jeden Fall, dass es einen Rechtsstaat gibt. Mehr war mir nicht klar und war mir auch völlig egal. Die Freiheit, dass der Einzelne seine Freiheit wiederbekäme und das Recht, und die Menschen aus dem KZ rausgelassen würden.

Was empfinden Sie heute als gut gegangen? Was hat funktioniert?

Es hat gar nichts funktioniert. Es hat gar nichts funktioniert, und ich bin mir manchmal nicht ganz klar, ob es nicht ganz gut war, dass nichts funktioniert hat. Denn den heutigen Staat hätten wir bestimmt in dieser Form nicht bekommen, wenn der 20. Juli geglückt wäre. Ich weiß nicht, was wir für einen Staat bekommen hätten. Wir hätten sicher einen Staat des Rechtes und der Freiheit bekommen, aber dadurch, dass alles ganz kaputt war, hat man ja eine ganz andere Chance gehabt, den Neuaufbau zu beginnen. Ich weiß nicht – ich hatte großes Vertrauen zu Goerdeler und denen, zu Beck und so –, aber vielleicht war die Chance noch größer dadurch, dass das Attentat missglückt ist. Ich weiß es nicht.

Dass der Tresckow starb, das ist natürlich eine Sache, die mich schon bedrückt. Der Tresckow und der Stauffenberg, das waren ganz großartige Leute. Intelligent, ganz selten. Hochintelligent. Ich kenne keinen Soldaten, der mir begegnet ist, ich habe ja viel erlebt als Ordonnanzoffizier bei Kluge und nachher im OKH, ich habe keinen Soldaten gesehen, der so intelligent war und auch so reich gebildet. Lyrisch, musisch, Fremdsprachen. Das gab es ja sonst beim Militär nicht, sondern man war sehr eng eingefahren auf sein Gebiet, und da vielleicht gut. Aber die hatten einen weiten Horizont, mit denen konnte man sich über alles unterhalten. Wenn der Tresckow morgens reinkam zu uns ins Ordonnanzoffizierszimmer, da hatten wir die Nachrichten schon – und der konnte einem das Weltbild erläutern. War ein großartiger Mann. Und dass die fehlen, das ist natürlich schlimm. Wenn ich gesagt habe, es ist vielleicht gut, dass der 20. Juli missglückt ist, dann bedauere ich natürlich, dass die Freunde umgebracht worden sind. Das waren ganz hervorragende Leute, die ganz bestimmt später eine große Rolle auch als Demokraten gespielt hätten.

Sie sprechen ja viel auch mit jungen Leuten. Was kann man Menschen von heute kaum noch erklären aus der Zeit oder aus dem Widerstand?

Man kann die Luft, die Atmosphäre schon nicht darstellen. Die können sich ja nicht vorstellen, dass man nicht faxen konnte, kein E-Mail und Internet hatte, sondern dass zum Beispiel diese berühmte Umstellung des »Walküre«-Befehls ein Jahr dauerte. Erst im Juli 1944 hat Tresckow dem Stauffenberg gesagt, »Walküre« steht. Da musste jedes Mal ein Einzelner dahinfahren und mit den Leuten sprechen. Und zwar musste man sich die Leute vorher angeguckt haben. Kannst du überhaupt mit dem sprechen oder wirst du denunziert? Es war eine sehr komplizierte Sache. Es dauerte bis Juli 1944, bis »Walküre« stand. Das kann man sich ja heute gar nicht vorstellen. Heute hängt man sich ans Telefon oder schreibt eine Mitteilung und hat Kontakt mit jemandem in Amerika, in Australien, mit jedem. Wir hatten damals mit keinem Kontakt. Und es konnte auch nicht ein Generalstabsoffizier, der eingeweiht war, Schulze-Büttger etwa, dahin fahren, sondern möglichst so ein Schlabrendorff, so ein Infanterieleutnant, der nicht auffiel. Bei jedem anderen musste man aufpassen. Und wenn jemand zweimal zur Heeresgruppe Süd hinfuhr, da wurde schon nachgesehen, wieso fährt der zweimal.

Ich erzähle immer die Geschichte mit meinem Bruder, der ist von Tresckow zu Kluge geschickt worden, als Kluge Oberbefehlshaber West war: er solle in Paris kapitulieren. Und mein Bruder wollte dann nach London fliegen für die Kapitulationsverhandlungen. Um den Flug von Berlin bzw. Königsberg vom Führerhauptquartier nach Paris zu ermöglichen, wurde unser gemeinsames Rennpferd von Berlin nach Longchamps geschafft, weil es eine Bestimmung gab, die irgendjemand ausgegraben hatte, dass Eichenlaubträger ihre Rennpferde laufen sehen durften. Das hatte irgendein Kavallerist, ich weiß nicht, 1940 oder wann, gemacht. Ganz harmlos. Mein Bruder hat den Urlaubsschein bekommen: Lauf des Rennpferdes in Longchamps – ich weiß nicht mehr an welchem Tag, im dritten Rennen, das weiß ich noch. Daraufhin wurde das Pferd von Berlin nach Longchamps geschafft in einem Waggon – 1944 – allein, der Pferdepfleger und das Pferd von meinem Bruder. Damit der auf dem Urlaubsschein hatte, er könne nach Paris fliegen. Er hat das Rennen gar nicht gesehen, sondern ist zu Kluge gefahren. Aber so kompliziert war das alles.

Ist Ihnen selbst etwas fast unverständlich im Rückblick?

Ja, das Glück, das der Hitler hatte. Ich glaube schon, dass das irgendwas mit dem Teufel zu tun hat. Sonst kann man nicht 42 Attentate überleben. Und auch die Attentate bei der Heeresgruppe Mitte, die drei. Das war so unwahrscheinlich alles, das hat einen damals auch schon bewegt, dass der Mann so viel Glück gehabt hat.

Gibt es etwas, was ich gar nicht bedacht habe, was man heute vielleicht auch kaum mehr bedenkt, das Ihnen aber wichtig ist?

Ja, dieses Gefühl der Kameradschaft, was damals darauf basierte, dass man festgestellt hatte, dass ganz fremde Leute, Tresckow, Stauffenberg, die vorher sich auch fremd gewesen waren, plötzlich über die Aufgabe, die sie übernommen hatten, ganz eng zusammengekommen sind. Und eine Freundschaft hatten, die unbeschreiblich war. Da konnte man sich hundertprozentig darauf verlassen.

Und dass dann etwas sehr wehtat nach dem Krieg, mir jedenfalls, der ich, als einer der wenigen, übrig geblieben war. Ich wusste erst gar nicht, dass der Schlabrendorff auch übrig geblieben war, weil es ja streng verboten war, dass man sich Adressen aufschrieb oder sonst was. Ich wusste, die Tresckows, die sitzen irgendwo, die hatten keinen Pfennig Geld, die waren ja alle aus der Armee ausgestoßen worden und kriegten deshalb keine Pension. Und erst 1953 hat der Globke denen die Pension genehmigt. 1953. Bis dahin hatten die keine Pension. Man konnte nicht helfen, weil ich gar nicht wusste, wo sie lebten. Und das hat mich schon … das hat mich sehr bedrückt lange Zeit. Das hat dann lange gedauert, bis via Eugen Gerstenmaier, der ganz andere Möglichkeiten hatte als wir, langsam die Namen von den Angehörigen wieder gefunden wurden, und wo die saßen, dass man helfen konnte.

Nach dem Attentat vom 20. Juli, das gescheitert war, sind Sie in die Truppe zurückgekehrt und haben weiter gekämpft, Sie sagten ja, auch, um jetzt das Schlimmste für die Bevölkerung zu verhüten. Aber wie geht das? Gab es noch irgendwelche Überlegungen zum Widerstand oder war der Widerstand damit vollkommen zerschlagen und man kümmerte sich eigentlich nur noch um die Letztabwicklung des Krieges?

Man kümmerte sich nur noch um die Letztabwicklung des Krieges. Der Widerstand war vollkommen zerschlagen. Denn alle Freunde, die an Hitler rankamen – das war ja vorher immer schon das Problem – oder die das vorbereiten konnten, waren tot. Verhaftet, tot oder hatten sich selbst umgebracht. Es hat ja von meiner Gruppe nur der Schlabrendorff überlebt, von dieser engen Gruppe. Es gab natürlich … Widerstand ist ja viel größer als diese kleine Gruppe. Aber diese kleine Gruppe, die am 20. Juli den Hitler umbringen wollte und damit was zu tun hatte, die waren alle tot. Also, die anderen kannte ich nicht. Ich

Philipp von Boeselager (Mitte) mit seinen Geschwistern.

wusste wohl, es gibt irgendwo den Goerdeler und so, die sind alle hops genommen, das wusste man auch. Es gibt also keinen mehr. Und ich hatte auch keinen Kontakt vorher mit denen. Ich hatte ja nur mit meinen Vorgesetzten Kontakt, und wir sollten ja auch keinen Kontakt mit anderen Leuten aufnehmen.

Und wie haben Sie Ihre Soldaten motiviert in diesem Krieg, bei dem sie Sie ja sahen, es ist eigentlich aussichtslos weiterzukämpfen?

Wir sind dann ja nur zum Schutz, wirklich zum Schutz der Heimat, eingesetzt worden, und ich habe dann schon sehr vorsichtig die Soldaten eingesetzt. Mein Ziel war, mit möglichst vielen Soldaten nach Hause zu kommen. Und trotzdem meinen Auftrag auszuführen. Also wir haben schon sehr genau hingeguckt, wenn irgendein verrückter Befehl kam, haben wir das einfach nicht mehr durchgeführt. Man hatte keine Angst vor Vorgesetzten oder so was. Das war vorbei. Und wir hatten eigentlich auch vernünftige Vorgesetzte, außer einem. Ich möchte den Namen aber nicht nennen.

Was hat Ihr Leben geprägt?

Das ist mein Elternhaus. Wir sind eine fröhliche, rheinische Familie gewesen. Wir waren bekannt dafür, dass wir bei Tisch – wir waren neun Geschwister –, dass wir bei Tisch reden durften. Natürlich durften wir nicht so laut reden, dass wir die Gespräche der Erwachsenen störten. Und es gab ja immer Gäste. Ich kann mich nicht entsinnen an Zeiten, wo wir keine Gäste zu Hause hatten. Personal gab es genug. Damals hatte man kein Auto. Wenn Gäste kamen, blieben sie 14 Tage. Und jagten von da aus rundherum mit meinem Vater zusammen oder mit meinem Großvater. Die kamen wochenlang. Dann durften wir also bei Tisch reden und durften auch Fragen stellen. Aber es gab Sachen, die waren streng verboten. Naschen war sehr streng verboten. Nicht die Wahrheit Sagen und Angeben. Das waren drei Todsünden. Sonst konnte man eigentlich alles machen. Und es hieß immer von uns, die Heimerzbande ist eine ganz wilde Bande. Weil wir einen großen Park hatten und alles gemacht haben, was man als Junge, und wir waren eine Masse, machen durfte. Und dann der Ton im Elternhaus ... Mein Vater war sehr viel weg. Meine Mutter hatte ein großes Haus zu dirigieren und kümmerte sich eigentlich wenig um uns. Wenn man das wie heute betrachtet.

Aber es gab eben Sachen, die wir durften und die wir nicht durften. Und das war ganz klar. Ich erzähle gern die Geschichte: Es gab den Onkel Georg Stolberg, der im ersten Krieg den Schädel abgeschossen bekommen und dann eine silberne Platte draufbekommen hatte. Und der war dann in Heimerzheim zu Besuch irgendwann, und ich war fünf Jahre alt und schlich immer hinter seinem Stuhl rum. Er saß rechts neben meiner Mutter. Da fragte mich meine Mutter wütend: »Was machst du da eigentlich?« Da sagte ich: »Ich guck nach dem

Stempel 800, ich sehe keinen.« Ich erzähle die Geschichte so gerne, weil das so typisch war. Bevor ich überhaupt gedacht hatte, hatte ich eine hängen. Aber das war auch nicht bös gemeint, das war so.

Die Männer und Frauen des deutschen Widerstands gegen Hitler sind ja nicht als »Helden« geboren, wie wir gerade gehört haben. Glauben Sie, dass Ihre Kindheit Sie vorbereitet hat, nicht mit dem Strom zu schwimmen wie alle anderen, sondern unter Lebensgefahr etwas als moralisch richtig Erkanntes zu wagen und durchzuführen?

Ja, ich glaube schon. Die Eltern erzogen einen so. Jeder musste seine Meinung sagen, und die wurde wohlbegründet. Bei Tisch durften wir ja, wie gesagt, mitreden, und wenn man Fragen hatte, dann wurde das erklärt. Oder mein Großvater Salis, der durch und durch preußischer Beamter war, der nahm uns ernst, wenn wir bei meinen Großeltern waren. Er machte dort die Landwirtschaft. Dann nahm er uns mit, erklärte uns, weshalb dieser Dünger und das und jenes, und am nächsten Tag fragte er uns ab. Und erwartete, dass wir das wussten. Und nahm uns ernst und sagte, ja Kinder, ihr müsst fragen, und wenn ihr keine klare Antwort bekommt, dann müsst ihr nachfragen. Man läuft nicht mit Fragen durch das Leben, sondern man muss versuchen, alle Fragen zu beantworten, und zu den Fragen und Antworten muss man stehen. Das war so eine ganz klare Aussage von ihm. Ich glaube schon, dass man erzogen wurde, zu seiner Seite, zu seiner Meinung zu stehen.

Welche Rolle spielte das Militär in Ihrer Familie?

Es war angesehen, aber es war eigentlich kein Mensch bei uns je Soldat gewesen. Mein Vater war Reserveoffizier, mein Großvater hatte es abgelehnt, preußischer Offizier zu werden. Das alles spielte keine große Rolle, aber mein Bruder Georg war begeisterter Reiter und begeisterter Soldat, und die ganze Familie war sehr soldatenfreundlich. Das war man damals ganz allgemein, muss ich sagen.

Die totale Ideologisierung in der Diktatur, also die Umwertung aller Werte, hat den meisten Deutschen den Kopf ja gänzlich vernebelt. Was hat Ihnen geholfen, Gut und Böse – auch das gegen den Trend – zu unterscheiden?

Ja, was ich bei meinem Großvater schon gelernt hatte, war Beurteilung der Lage und Entschluss. Was man nachher bei den Soldaten auch dauernd tut, dass man sich genau orientiert, wie die Lage ist, und die Lage dann beurteilt. Was wird daraus kommen? Und dann einen Entschluss fasst. Das musste sehr sorgfältig gemacht werden. Man darf sich nicht von anderen, durch Radio oder so was beeinflussen lassen, sondern man muss selbst erst die Lage kennen lernen, das war wichtig. Die Bonner Studenten halfen uns dabei. Meine Mutter war sehr neugierig und fragte die immer politisch aus nach allen Seiten, was sie gehört hätten. Damals gab es x Parteien. Und dann kamen sie zu einem Entschluss: dass das Käse ist oder so. Dann mussten die das wieder begründen. Und so haben wir auch Rede und Gegenrede gelernt, damals zu Hause schon. Dem Staat gegenüber war man skeptisch und überhaupt allem, was so in der Öffentlichkeit geschieht. Bei meinem Vater hat es sehr lange gedauert, bis er in den »Stahlhelm« gegangen ist. Und eigentlich nur vom Dorf aus, er war im Dorf sehr beliebt. Die haben ihm gesagt, nun machen Sie doch, Sie wollten doch Vorsitzender werden. Und ist dann sehr bald wieder ausgetreten, wie er gemerkt hat, die SA übernimmt den »Stahlhelm«. Und das hat uns doch beeindruckt. Wir waren da schon in den oberen Klassen der Schule.

Und haben auch schon begriffen, was die Entscheidung bedeutete?

Ja, so halbwegs. Noch nicht so in vollem Sinne, noch nicht. Denn man glaubte eben, die Soldaten sind frei davon. Wir brauchten ja nicht wählen und durften uns parteipolitisch nicht äußern. Und im Kasino in Paderborn konnte man ganz offen reden. Konnte man alles sagen. Es wäre undenkbar gewesen, dass man denunziert worden wäre. Und da wurden sehr skeptische Äußerungen gemacht. Da hat man sich untereinander sehr genau unterhalten.

Und dann kam das Besondere der Kavallerie dazu, ich sagte Ihnen ja, ein Großteil der Kavallerie ging zu den Fliegern und Panzern. Die paar, die übrig blieben, das waren die, die ritten. Und man sah sich sonntags eben. Mit Leutnant Specht und denen, die hinterher Ordonnanzoffizier bei Manstein usw. wurden, habe ich mich vor dem Krieg, in dem einen Jahr vor dem Krieg, 1938, immer wieder getroffen auf irgendwelchen Turnierplätzen. Da kannte man sich auch politisch. Man hat da nicht lange darüber geredet, aber man wusste, wo jeder stand. Und dann im Krieg war das sehr witzig und wichtig. Zum Beispiel: Der Hitler traute ja den Soldaten gar nicht, und wir kriegten bei der Heeresgruppe Mitte nur die Lage mitgeteilt von der Nachbardivision, sei es nach Norden und nach Süden. Über die Lage bei der Heeresgruppe Nord und Süd hörten wir nicht mehr, als man über den allgemeinen Nachrichtendienst hörte. Und wenn Tresckow oder Kluge etwas Besonderes wissen wollten, sagten sie: »Boeselager, können Sie uns nicht noch mal eine Karte besorgen.« Dann rief ich Specht bei Süd an und sagte: »Können wir nicht mal Kaffee trinken?« »Ja, das wäre ganz gut. Wann treffen wir uns denn?« »Ja, ich muss Dich anrufen, ich muss sehen, wann die Maschine fliegt.« Dann musste man sehen, ob man irgendwo so eine kleine Maschine kriegte, und dann wurde wieder angerufen und gesagt, 11 Uhr da und da. Dann kam er mit der Karte von der Heeresgruppe Süd, und ich kam mit der Karte von der Heeresgruppe Mitte. Wir tauschten die Karten, tranken Kaffee und setzten uns wieder in die Maschine und flogen zurück. Das war nur möglich, weil man sich genau kannte. Und dadurch kannte man auch die politische Einstellung der Generale. »Wie ist der eigentlich zu seinen Leuten?« »Jetzt ist einer von euch von Süd zu uns gekommen, wie ist der?« »Ein Arschloch erster Sorte.« Weil eben die paar Kavalleristen, die es gab, nun alle Ordonnanzoffiziere waren und sich kannten. Und nicht unbedingt mit der Gabel durch die Haare gingen. Zu meiner Zeit hatten vier von den sechs, sieben Oberbefehlshabern Kavallerieordonnanzen, die mein Jahrgang waren. Infolgedessen hatten wir natürlich ganz andere Möglichkeiten uns zu orientieren, als es offiziell möglich war.

Ich möchte noch ergänzen zu vorhin: Ich sagte ja, dass der Weg von der Skepsis über die Ablehnung zum Widerstand lang war. Zu der Skepsis gehörte, dass wir das Konkordat sehr genau studiert hatten. Kaum waren die Nazis an der Regierung, wurde auf die Kollegsfront, das ist ein großer Zementblock, auf dem die Schule steht, geschrieben: »Raus mit den Juden, raus mit den Schwarzen.« Das hat uns schon, wir waren ja auf dieser Schule, hat uns schon mit dieser Schule – soweit wir auch nicht mir ihr solidarisch waren – solidarisiert.

Dazu kam, dass wir damals im Kolleg Schülermützen hatten, das AKO hatte blaue und das Gymnasium rote, glaube ich – es kann auch anders gewesen sein. Wir wurden plötzlich angepöbelt wegen dieser Mützen, was uns auch schon komisch vorkam.

Dann war ich, glaube ich, 1934, in der Unterprima, da hörten wir, dass der Hitler im Dreesen wäre. Der war ja mehrmals im Hotel Dreesen in Godesberg, wir hörten das, und der Polka, ein Mitschüler, und ich, wir beschlossen, uns den anzusehen. Wir waren aber im Internat und kriegten unter keinen Umständen Ausgang. Das gab es damals gar nicht. Und so sind wir einfach abgehauen. Wir sind zu dem Dreesen hin, was wir von unseren Spaziergängen genau kannten, und wurden gleich von SS-Leuten geschnappt und in die Garage hinter dem Hotel gesperrt. Da war so eine Klapptüre an der Garage. Die Klappe ging hinter uns zu, und wir saßen 24 Stunden in der Garage. Es kümmerte sich kein Mensch um uns, es war kalt und unangenehm, aber viel schlimmer war: Wir dachten, die Jesuiten merken das. Das wäre sehr, sehr unangenehm geworden. Nachdem wir dann freigelassen worden waren, schlichen wir ganz betröppelt rauf und stellten fest, die hatten gar nicht gemerkt, dass wir weg gewesen waren. Es war sehr beruhigend. Aber hat auch unsere Liebe zu den Nazis natürlich nicht gesteigert. Das sie mit so harmlosen Unterprimanern so grob umgingen: 24 Stunden, ohne was zu essen zu kriegen und sich zu entäußern … das war sehr unangenehm. Das hat uns beide sehr skeptisch gemacht.

Dann sind wir Soldat geworden. 1938, sagte ich schon, da wurde ja Ketteler ermordet, dann kam die »Kristallnacht«, ich erinnere mich noch ganz genau. Wir waren in Neuhaus bei Paderborn. Das ist so ein kurfürstliches Schloss. Dort war meine Garnison. Und von da aus ritten wir in die Senne. Wir hatten in der Nacht von der »Kristallnacht« gar nichts gehört, wir hatten geschlafen. Und am Morgen hörten wir, dass in Paderborn in der Hauptstraße drei jüdische Geschäfte kaputtgeschlagen waren. Das hat uns auch nicht aufgeregt. Bitte schön, besoffene SA-Leute und so. Besonders damals war das ja sehr geschickt: Es stand nicht in der Zeitung, dass das in allen Orten war, sondern nur in Paderborn. Das sickerte dann so langsam durch, dass das in Marsberg und in Brilon … und hinterher hörte man, dass das im ganzen Reich gewesen war. Aber die Luft war eigentlich raus. Ich erinnere mich noch sehr gut. Wir ritten nachmittags mit unserem Kommandeur raus in die Senne zu einer Übung, da hatte sich das schon ein bisschen mehr rumgesprochen. Da sagte er: »Meine Herren, regen Sie sich doch nicht auf, die Staatsanwaltschaft greift da ein, das ist doch klar.«

Und wir haben dann noch überlegt, was wir getan hätten, wenn wir dahergegangen wären, zufällig, wir hatten ja alle gepennt. Dann hätten wir, was ich eben schon gesagt hatte, »in Notwehr« handeln müssen, um einen »gegenwärtigen«, auf dieses Wort kommt es an, «rechtswidrigen Angriff abzuwehren«. Weil jeder eine Waffe bei sich hatte. Der Infanterist hat ein Seitengewehr, der Kavallerist einen Säbel, der Flieger einen Dolch. Wir hätten »das Eigentum« von den Juden schützen müssen, sonst hätten wir uns strafbar gemacht. Aber wir hatten ja im Bett gelegen. Und jetzt war es vorbei. Es war kein gegenwärtiger Angriff, sondern das war ja heute Nacht gewesen, sodass jetzt kein Grund mehr von der Wehrmacht her bestand, einzugreifen. Der Kommandeur hat uns dann beruhigt, regen sie sich nicht auf, das waren besoffene Kerle usw. Und dann klang die Erregung so langsam wieder ab, bis wir dann hörten rund, das war überall so. Das war dann wieder unangenehm. Aber was sollten wir tun? Wir lebten ja im »Rechtsstaat«.

Dann kam der Krieg. Ich habe gesagt, nach dem Polenfeldzug hörten wir das erste Mal von den Schweinereien. In Frankreich war nichts. Und sehr bald im Russlandfeldzug hörten wir von der Euthanasie. Das sprach sich durch. Ich weiß gar nicht, wie das so kam. Es wurde geredet, dass Leute, die Kopfschüsse hatten und nicht mehr voll einsatzfähig waren, umgebracht würden. Das gab so eine Aufregung – auch bei uns sprach man darüber – dass diese Welle der Empörung dann dazu beigetragen hat, dass Hitler die Euthanasie – offiziell wenigstens – eingestellt hat. Aber, wie gesagt, den Kommissarbefehl und den Judenbefehl, den haben wir damals nicht mitbekommen.

Dann kam ich zu Kluge, weil ich verwundet war, das habe ich ja alles geschildert. Ich erinnere mich noch sehr gut daran, das muss um 1944 gewesen sein, ich kann die Zeit nicht mehr einordnen, jedenfalls war Tresckow und Kluge und den höheren Offizieren des Stabs klar, dass der Krieg verloren war. Tresckow war das eigentlich schon vor Stalingrad klar. Und da kamen drei ukrainische Generale, die wohl im Untergrund gewesen waren, zur Heeresgruppe und boten an: sie würden eine Armee aufstellen und mit den Deutschen zusammen kämpfen, wenn eine territoriale Teilselbständigkeit im Krieg oder absolute Selbständigkeit nach dem Krieg gewährt würde. Tresckow kam dann zu Kluge, ich sehe ihn noch reinkommen, strahlend und sagen, das wäre noch eine Möglichkeit, den Krieg zu gewinnen.

Denn es gab damals 800 000 bis eine Million Hiwis. Hiwis waren russische Soldaten, die bei den deutschen Trossen mitarbeiteten. In jedem Regiment gab es massenhaft Hiwis. Ich habe 50 Hiwis gehabt.

Weil die deutschen Trosswagen, die wir im Frieden hatten, gummibereifte, pferdebespannte Fahrzeuge, für Russland völlig ungeeignet waren und man musste dann einen Trosswagen auf fünf, sechs Panjewagen umladen. Die blieben stecken andernfalls. Und für diese ganzen anderen Fahrzeuge hatten wir keine Fahrer.

Und die Russen machten mit. Wir hätten den Krieg gewinnen können, wenn wir uns anständig benommen hätten. Weil, die waren gegen Stalin und gegen Lenin. In jeder Familie hat es einen gegeben, der von Stalin oder Lenin umgebracht worden war. Und die dachten, die Preußen, die kommen, die sind nicht unangenehmer, das ist in Ordnung. Die wollten nicht kämpfen. Und die waren ganz zufrieden. Wenn sie bei uns gut behandelt wurden, zu essen kriegten und nie in ein Gefangenenlager kamen, machten die bei uns mit. Wir haben bis zum Schluss des Krieges bei mir im Regiment welche gehabt. Die kriegten am Schluss dann Soldbücher, weil wir ja wussten, die Russen bringen die um. Sie kriegten die Soldbücher auf irgendeinen komischen Ort in Ostpreußen, was jetzt russisch war, was kein Mensch kontrollieren konnte, und mit irgendeinem halbpolnischen Namen, Deutsch konnten sie alle ein bisschen, und die sind alle damals von den Amerikanern auch als Deutsche entlassen worden. Aber wie gesagt, es gab 800 000 bis eine Million von diesen Hiwis und 3,6 Millionen Kriegsgefangene.

Und Tresckow entwarf eine Studie, die er dem Kluge vortrug, dass – mit einem Teil der Hiwis, einem Teil der Kriegsgefangenen, soweit es Ukrainer wären, und dem Angebot der drei Generale, die aus der Bevölkerung noch Soldaten rausziehen wollten – es noch möglich wäre, den Krieg zu gewinnen. Der Kluge unterschrieb diese Studie, die genau ausgerechnet hatte, wie viele Soldaten es sein könnten und ich weiß nicht was alles. Und die drei Ukrainer wurden natürlich ins Führerhauptquartier geschickt. Denn das musste der Hitler ja entscheiden. Wir hörten und hörten nichts, und schließlich hörten wir nach vier

Wochen hintenherum, der Hitler hätte die Studie gar nicht gelesen, sondern die drei Leute gleich erschießen lassen als russische Elite.

Wenn man das erlebte, sagte man sich, der Kerl ist verrückt. Abgesehen davon, dass er ein Verbrecher ist, ist er auch noch verrückt. So häuften sich die Stolpersteine. Von der Skepsis über die Ablehnung hin zum richtigen Widerstand. Ich habe schon geschildert, wie mein Bruder mit dem Kluge gesprochen hat, dass das Kavallerieregiment Mitte aufgestellt würde. Das begann Anfang 1943, und am 13. März waren die verschiedenen Attentatsversuche von Tresckow gewesen, und am 1. April übernahm ich in diesem Regiment, das gerade aufgestellt wurde, die erste Abteilung. Da Tresckow sehr bald das Regiment voll haben wollte, als Heeresgruppenreserve und als Eingreiftruppe, wurden wir Versuchstruppenteil. Das war damals so ein Nomen für Truppen, die besonders gut und schnell ausgerüstet wurden. Weil es damals schon schwierig war, seine MGs nachgeliefert zu bekommen und alle Fahrzeuge und so. Wir wurden Versuchstruppenteil. Was sollten wir versuchen?

Aus irgendeinem Grund, ich weiß nicht, wer auf die Idee gekommen war, sollten wir Sprengstoffe vergleichen. Und da ich eine Pionierausbildung im Frieden gehabt hatte, in Höxter, bekam meine Abteilung diesen Auftrag. Wieso weiß ich nicht. Das hatte mit Widerstand oder Attentat überhaupt nichts zu tun, glaube ich jedenfalls. Und wir haben das getan. Wir haben die Versuche gemacht, und dann habe ich gemeldet ganz brav, der englische Sprengstoff wäre der beste und besonders die Zünder wären so gut, weil die Zünder leise waren. Es waren Säurezünder, die anderen, die elektrischen, die zischten so. Und das habe ich gemeldet. Im Übrigen haben wir das Zeug weiterhin zum Fischen gebraucht. Und nach einer Weile rief mich mein Bruder an und fragte: »Habt ihr eigentlich noch von dem Zeug?« »Ja, von welchem denn? Von dem englischen?« »Ja, dann pack einen Koffer voll und bring den zum Stieff«. Da wusste ich, aha, der braucht den nicht zum Fische fangen. Und da ist mir das klar geworden, und wahrscheinlich ist der Sprengstoff auch gebraucht worden. Ich habe immer gesagt, es müssen zwei Bomben gemacht werden, weil wir hatten das mehrmals gesehen, dass ein Zünder nicht funktionierte, weil die uralt waren. Ich weiß gar nicht, woher und wie alt die Zünder schon waren, als wir sie bekommen haben. Zwei Bomben mit zwei Zündern.

Ich habe gehört, aber das kann ich nicht beweisen, dass der Stieff, dem ich den Koffer persönlich ausgehändigt habe, den Koffer versteckt hätte bis kurz vor dem 20. Juli, und dann hätte er dem Stauffenberg zwei Bomben gegeben mit den Zündern. Mit der Rosy war ich, ich glaube 1983, 84 in dem ehemaligen Führerhauptquartier. Ich weiß nicht, ob Sie mal da waren. Das ist ja unglaublich. In den Kiefernwäldern sind die Betonbunker vom Hitler genauso hoch, wie dieser Wald ist. Und dann diese kleinen Eingänge, erschütternd irgendwie, aber es interessierte mich noch, ob ich mich überhaupt erinnerte. Ich erinnerte mich eigentlich an nichts mehr. – Aber ich weiß noch ganz genau, wie ich dem Stieff den Sprengstoff gebracht hatte, und ihm gesagt hatte, er müsste zwei von den Zündern brauchen, einer allein wäre nicht sicher. Und dann bin ich damals wieder weggefahren. – Wie ich mit der Rosy da war, liefen da Leute rum. Da habe ich einen gefragt, da war das einer von den Pionieren, von dem früheren Pionierwachbataillon, und er behauptete, er hätte die zweite Bombe gefunden. Er sagte, sie hätten gleich den Befehl bekommen, das ganze Areal abzusuchen, und er hätte eine Bombe gefunden, und das war genau – er hatte mir das so beschrieben – das war genau meine Plastikbombe. Ich weiß nicht, ob sie es war, jedenfalls war das eine englische Bombe, die so zehn Schritte neben dem Weg lag. Der Haeften hatte ja gesagt, er hätte sie aus dem Auto geworfen, weil er Angst hatte, dass sie ihn bei der Kontrolle, wenn er rausfährt, schnappen würden. Und die hat dieser Pionier gefunden. Ich war blöd und habe mir seinen Namen nicht gemerkt. Also das ist auch eine Bestätigung, dass mein Zeug es gewesen ist. Es kann aber auch anders gewesen sein. Das weiß ich nicht.

Ich habe noch eine kleine Rückfrage. Sie sagten, wir hätten, wenn es gelungen wäre, die Russen, die Ukrainer und so weiter, die gegen Stalin eingestellt waren, zu gewinnen für Deutschland, den Krieg noch gewinnen können. Haben Sie sich später Gedanken darüber gemacht, was das bedeutet hätte, den Krieg zu gewinnen? Wie Deutschland dann ausgesehen hätte?

Ja, den Krieg zu gewinnen hieß Kriegsstopp. Das war die vordringlichste Aufgabe, weil der Krieg verloren war. Und zwar sollte sofort im Westen kapituliert werden, und dann wollte man versuchen, mit den Russen zu verhandeln und die Westtruppen nach dem Osten noch zu verlegen, um da noch einmal eine Front aufzubauen. Aber jedenfalls Schluss mit dem Krieg. Und dann, was daraus geworden wäre, das weiß ich nicht, das hat mich auch nicht interessiert. Mir war nur klar, Schluss des Krieges.

Die Umwertung aller Werte bedeutete unter Hitler ja, dass Unterdrückung und Ermordung der Menschen mit der Staatsdoktrin gerechtfertigt wurden. Haben Sie sich davon mal verwirren lassen? Vielleicht auch nur zeitweilig?

Nein, mir war auf jeden Fall klar, dass der Hitler keine menschlichen Gefühle hatte und der Mensch von ihm weniger geachtet wurde als ein Hund oder eine Katze oder ein Pferd. Weniger. Billiger. Und das war natürlich doch schrecklich. Weil ... wir hatten ja alle Freunde, wir hatten ja alle enge menschliche Beziehungen zu Soldaten, zur Familie usw. und sahen, dass dieser Mensch ganz anders war. Und keinen von uns auch achtete. Und es war uns auch klar, selbst seine engsten Vertrauten, ob Keitel oder wen, die wird er genauso im Stich lassen, wie man das am Schluss gesehen hat mit Fegelein und so. Wie er sie alle noch erschießen lassen wollte. Nein, das war ein Unmensch. Schrecklicher Kerl.

Es hat ja mehrere Attentatsversuche gegeben, die Hitler immer wieder überlebt und die er als die Vorsehung Gottes bezeichnet hat. Wie haben Sie das als Christ empfunden? Sind Sie da schwankend geworden, dass da vielleicht doch ein göttlicher Schutz über ihm ist?

Ein göttlicher Schutz nicht, sondern ich habe gesagt: ein teuflischer Schutz. Er hat mit seinem Fortleben jeden Tag teuflische Taten begangen. Das hat mit christlich nichts zu tun. Das hat mich schon manchmal schockiert. Wie der Teufel ihn geschützt hat. Denn das konnte gar nicht mit normalen Maßstäben gehen, dass er am Leben blieb. Und der Kerl ist immer trotzdem am Leben geblieben. Nein, ich war mir klar, dass der Teufel seine Hand über ihn gehalten hat.

Denunziation und Geheimhaltung. Wie war das Lebensgefühl zu der Zeit damals?

Es gab die deutsche Blickführung. Wenn man mit jemandem über Politik sprach, dann guckte man rechts und links: Wer steht denn da? Das nannte man den »deutschen Blick«. Weil man so Angst hatte, dass da jemand stand, der einen denunzierte, und man brauchte ja nur ganz harmlos zu sagen, »der Krieg ist verloren«, das konnte einen ins KZ bringen. Man lebte ganz merkwürdig. Ich hatte einen Burschen, Fischer, er lebt noch, der war Abiturient, und ich wohnte in Neuhaus in Paderborn in dem Schloss neben dem Kasino. Die 1. Schwadron lag in Neuhaus, da war das Kasino und ich wohnte direkt neben dem Kasino. Sodass wir uns täglich sahen, weil ich immer im Kasino gegessen habe. Das war für mich das Bequemste. Von Fischer wusste ich gar nichts, er war ein anständiger, braver, gewandter Ordonnanzsoldat und servierte da im Kasino. Ich wusste aber nicht, welche Meinung er hatte. Als der Krieg losging, kam er zu mir und sagte: »Herr Leutnant, kann ich bei Ihnen Bursche werden?« Ich fragte wieso, weshalb. »Ja, ich möchte nicht auf Leute schießen.« Ich habe erst einen Moment überlegt, der Kerl ist geschickt. Man ist ja im Krieg besonders auf seinen Burschen angewiesen, weil man andere Tätigkeiten hat, die für einen wichtig sind. Das normale Leben, Wäsche waschen, Lebensmittel, Zigaretten und alles, was lebenswichtig war, um das konnte man sich normalerweise ja persönlich nicht kümmern. Oder man kümmerte sich als Offizier nicht darum. Also das wird der Fischer dann machen. Habe ich gesagt: »ja gut«. Er kam also zu mir als Bursche.

In Russland war es so, die russischen Häuser, diese Katen hatten einen Eingang und gegenüber diesem Eingang war normalerweise der große Ofen, auf dem die Familie pennte und wohnte und lebte. Da wohnte auch Fischer. Und alle, die zu mir kamen, wie die Melder, die kamen durch diesen Eingang. Fischer liefen sie in die Arme. Er hatte unser Radio – ich hatte als Kommandeur so einen großen Wehrmachtsempfänger. Ich wohnte nebenan. Die Türen waren nie so dicht wie hier die Türen, sondern hatten Ritzen. Und wenn Fischer das Radio so laut stellte, dass ich das hörte, dann wusste ich, jetzt kommt jemand, dem Fischer politisch nicht traut. Wir haben nie darüber gesprochen. Ich kannte die zum Teil auch gar nicht, diese Melder und all die anderen, die da kamen. Aber Fischer kannte sie. Das war so ein Netzwerk unter diesen Burschen. Und wenn er mich warnen wollte, dann stellte er dieses Radio so laut. Er wusste ganz genau, dass ich das hasste, also da musste schon was Besonderes sein.

Sie haben etwas gegen Hitler unternommen, aber meine Generation hat ihren Vätern nach dem Krieg deren Satz immer vorgeworfen: »Ich habe von der Judenverfolgung nichts gewusst.« Kann das sein? Hätten sie es wissen können, hätten sie es wissen müssen, hat man irgendwie das nicht hochkommen lassen?

Nein, es hat ja keiner darüber gesprochen. Wenn man darüber gesprochen hätte, hätte man bald im KZ gesessen. Ich behaupte immer, es gibt da allerdings andere Ansichten, ich behaupte immer, dass wir, beim Stab der Heeresgruppe Mitte, also die höheren Offiziere, genau Bescheid wussten. Tresckow, Oster, Nebe, das war unsere Achse. Wer diese Achse nicht hatte, wer irgendwo in Frankreich war, der ahnte davon was, denn die Juden waren ja aus dem Dorf verschwunden, aber dass die umgebracht würden, das war ja nicht vorstellbar. Man ahnte das nicht. Das wurde höchstens so gemunkelt. Ich habe das erst gehört von dem Hauptmann Bettermann, der mir gesagt hatte, dass er mit den zwei SD-Leuten gefahren wäre, das war Juni 1943. Vorher hatte ich es schon bei Kluge von dem Bach-Zelewski gehört, im Juni 1942. Das habe ich ja bereits erzählt. Ich wusste das. Aber ich habe mit keinem Menschen darüber gesprochen. Das war lebensgefährlich. Ich sagte ja auch, ich habe meinen Regimentssoldaten das nicht gesagt. Was nützt es? Die konnten nichts tun. Sie konnten sich nur fragen, weshalb mache ich Krieg oder mache ich für den Verbrecher Krieg, konnten sich nur Fragen stellen, ohne sie irgendwie beantworten zu können.

Wie begegnen Sie Deutschen Ihrer Generation, die vielleicht keine Nazis waren, aber Mitläufer?

Da habe ich volles Verständnis für. Weil bis 1938 war für den normalen Menschen der wirtschaftliche Aufschwung in Deutschland ungeheuer. Der Hitler hatte ungeheure Erfolge gehabt, innen- und außenpolitisch – … und da nebenher verschwanden die Juden … ja, ja, die Revolution frisst ihre Kinder … die Revolution, das ist eben anfangs so, das wird sich schon geben …

Dass dann nach dem Ermächtigungsgesetz der Hitler gemacht hat, was er wollte, und unangreifbar wurde und dass der Himmler die ganze Polizei hinter sich gebracht hat, das ist einem heute gar nicht mehr so klar. Die Polizei war damals Ländersache, und vom SD angefangen bis zum Verkehrspolizisten hat der Himmler die alle zentralisiert. Alle unterstanden ihm, sodass der Himmler innenpolitisch durch seine SS unangreifbar war, und am Schluss des Krieges hat er das ja auch beinahe verstanden, das Militär zu schlucken. Er wurde Oberbefehlshaber des Ersatzheeres nach dem 20. Juli. Es gab den NSFO, der parallel zum Kommissar gewesen war. Den »nationalsozialistischen Führungsoffizier«, der in allen Einheiten Pflicht war. Wurde nach dem 20. Juli eingeführt mit dem Beauftragten für den Führernachwuchs, das wurde auch ein SS-Mann. Sodass alles, was nachkam beim Heer, schon SS-Stil hatte. Und Himmler selbst war ja schon zweimal Oberbefehlshaber einer Heeresgruppe gewesen, der Heeresgruppe Oberrhein und der Heeresgruppe Weichsel, die damals von der Weichsel bis an die Oder zurückgegangen sind. Er ist beide Male gescheitert. Aber nach einem gewonnenen Krieg hätte die Waffen-SS das Heer geschluckt. Gar kein Zweifel. Das war mir auch alles klar.

Ich erzähle immer wieder die Geschichte: Ich bin beim Burgdorf eingeladen gewesen, als ich im OKH war. Ich war im August 1944 als Sachbearbeiter für die Kavallerie ins OKH versetzt worden. Jede Waffe hatte einen Sachbearbeiter, der für die Ausrüstung, die Vorschriften, den Nachschub, für die Modernisierung seiner Waffe und und und zuständig war. Das war nach dem Attentat vom 20. Juli eine äußerst prekäre Situation natürlich. Aber ich habe mir einen sehr guten Ordonnanzoffizier beigezogen, der hatte die Ohren überall und witterte Gefahren. Eines Abends wurde ich vom Burgdorf – das war der Chef des Heerespersonalamts, ein wilder Nazi, ein böser Nazi – eingeladen zu einem Glas Wein; »nach dem Essen« hieß das. Denn damals konnte man nicht zum Essen eingeladen werden, weil man ja nur Marken hatte.

Ich bin dann rüber zu ihm – ich weiß gar nicht mehr, wie das genau war – und war der einzige Jüngere, sonst waren das nur Generale vom OKW oder OKH, und wir haben uns so ganz vorsichtig – ablehnen konnte man so was nicht– ganz vorsichtig unterhalten. Und ich wusste genau, in welcher Bude ich da saß. Plötzlich hörte ich, wie Burgdorf nebenan sagte, ja wenn der Krieg vorbei ist, werden wir die katholischen Offiziere aus dem Heere rausschmeißen, genau wie wir die Juden schon rausgeschmissen haben. Bin ich rübergegangen zu ihm und habe gesagt: »Ich bedanke mich sehr. Das habe ich nicht geahnt. Ich bin fünfmal verwundet worden und habe das Ritterkreuz, es ist aber für mich sehr interessant, dass ich mich nach dem Krieg nach einer anderen Laufbahn umsehen muss.« Da kriegte er einen roten Kopf und sagte, nein, nein, so sei das ja nicht gemeint. Das müsse man in jedem Einzelfall nachprüfen. Das war eben das Ziel damals schon, dass das Heer, soweit es durchleuchtet war, in die Waffen-SS überführt würde. Die SS wäre so der Waffenträger der Nation geworden.

Wie sind Sie mit Nazis nach dem Krieg umgegangen? Von vielen wussten Sie es ja, dass es Nazis gewesen waren, auch wenn sie es dann hinterher vertuscht haben. Wie war das?

Das hat mich nicht mehr interessiert. Weil ich habe gewusst, auf wie merkwürdigem Wege man Nazi wurde. Man konnte gezwungen sein als Beamter, man konnte freiwillig voller Enthusiasmus, wie viele 1934, 35, zu den Nazis gegangen sein und dann gemerkt haben: das war der falsche Weg. Also im Einzelnen musste man schon sehr genau hinsehen. Und wenn ich nicht wusste, der hat Schweinereien begangen, dann war mir das völlig egal. Nur wenn ein Gauleiter oder so, von denen ich wusste, dass sie Schweinereien begangen hatten, und ich habe von denen irgendwas gespürt, dann bin ich noch hinterher bösartig geworden und habe das gemeldet. Bei Gauleitern und solchen Höheren. Aber alles andere hat mich nicht mehr interessiert.

Heute lautet ein neuer Vorwurf der Forschung, Henning von Tresckow habe von der Ermordung der Juden nicht nur gewusst, sondern sie auch geduldet.

Ein wirklich schlimmer, ein falscher Vorwurf. Tresckow kenne ich wirklich sehr gut. Er schnaubte vor Zorn, aber er konnte gar nichts machen. Das rückwärtige Heeresgebiet, das ist den Leuten, die diese Vorwürfe erheben, nicht bekannt, unterstand bis Mitte 1942 nicht der Heeresgruppe, sondern den Armeen. Wir hatten bei der Heeresgruppe überhaupt keine Nachschubabteilung. Die Nachschubabteilung war zuständig für die Verwaltung des rückwärtigen Gebietes. Erst Mitte 1942 bekamen wir eine Nachschubabteilung, bis dahin gab es den Oberstleutnant Gericke, Reserveoffizier, und Rittmeister Schulemann, Reserveoffizier – da sieht man die Bedeutung –, die die Heeresgruppe über die Versorgungslage der Armeen orientierten. Nur das. Andere Funktion hatten sie nicht. Denen unterstand auch nicht das rückwärtige Gebiet. Sondern das rückwärtige Gebiet unterstand, wie gesagt, den Armeen. Da hatte Tresckow überhaupt nichts zu sagen.

Was bedeuten die Paraphen von Tresckow an den Berichten über die Morde an Juden und anderen Menschen im deutschen Besatzungsgebiet?

Die Paraphe kriegten jeden Tag hunderte von Meldungen: über den Krieg in Afrika, über Frankreich und so, was für ihn wissenswert war für seine militärische Allgemeinbildung und Entschlüsse. Die zeichnete er ab, das hieß: »Ich hab sie gelesen.« Er hatte überhaupt keinen Einfluss darauf. Er hatte auch keinen Einfluss auf den Krieg in Afrika oder auf die Lage in Frankreich. Das hieß nur, ich habe sie gelesen. Solange die Paraphe nicht auf einem Schriftstück war, durfte es nicht vom Schreibtisch entfernt werden. Deshalb zeichnete er das ab, dann hatte er es gelesen oder zumindest gesehen. Aber wenn er einen Befehl ausgab, dann war der voll unterschrieben. Es gab keinen Befehl von Tresckow, der nicht voll unterschrieben war, zwar mit seiner schlecht leserlichen Schrift, aber voll unterschrieben. Zum Unterschied.

Wie sehen Sie das, wenn Graf Stauffenberg heute als Held verehrt wird?

Ja, ich empfand ihn schon als Helden. Auch weil er körperlich so ungeeignet für diese Aufgabe war. Jeder normale Mensch hätte diese Aufgabe abgelehnt, weil der körperlich so behindert war, nur drei Finger an nur noch einer Hand. Ich sagte ja, er konnte den Zünder kaum in Gang setzen. Dann nur mit einem Auge sehen. Das beeinträchtigt einen schon. Ich erinnere mich sehr genau, als ich verwundet war. Wie ich mich körperlich behindert und beeinträchtigt fühlte. Allein deshalb habe ich ihn bewundert. Und, ich muss schon sagen, ich bin ja häufiger, ich weiß nicht wie oft, drei-, viermal, mit dem Kluge bei Hitler gewesen. Diese Machtdemonstration war ja schon beeindruckend. Da standen zwei SS-Leute, dann ging man klapp, klapp, klapp über diesen Stein, Da standen zwei Leute – da standen zwei Leute. Man wurde immer kleiner. Der Hitler persönlich hat mir keinen besonderen Eindruck gemacht. Aber die Macht war schon spürbar. Man war froh, atmete tief, wenn man aus diesem Bereich wieder herauskam. Das hatte ich ja bei mir persönlich gespürt, und zwar zu einer Zeit, da ich noch ohne irgendwelche bösen Absichten Hitler gegenüber war – oder umgekehrt. Für Stauffenberg muss die Belastung natürlich viel größer gewesen sein, weil er so behindert war. Ich finde schon, dass er ein Held war.

Zum Gespräch mit Philipp Freiherr von Boeselager

Ein Nachwort von Dorothee von Meding

Wie findet ein eher konservativer Offizier der deutschen Wehrmacht als etwa 25-jähriger Mann zu der persönlichen Entscheidung, ein Attentat auf Hitler durchzuführen?

Philipp von Boeselager sagt: »Ich wäre viel lieber am Nordpol gewesen. Dass man mich nicht gefragt hätte, (ob ich bereit bin, Adolf Hitler zu töten). Aber man hat mich gefragt, und nach zwei Tagen habe ich mich entschieden: ›ja‹. Und war immer mal wieder schwankend, aber ich hatte ›ja‹ gesagt.«

Philipp von Boeselager nimmt für sich nicht in Anspruch, besonders mutig gewesen zu sein. Er bemerkt lediglich, man könne »sich als Offizier schlecht drücken.« Doch seine Selbstüberwindung – so könnte man es nennen –, die er fast beiläufig erwähnt, macht ihn zum »Helden«.

»Das Sterben war nicht das Schlimmste bei dem Attentat … sondern das Drumherum … Ist es richtig?« Ist dieser sehr einsame Entschluss zum Attentat richtig? Er bringt so weitreichende Konsequenzen mit sich: die mögliche Folter der Eltern und Geschwister wegen der Sippenhaft, die mögliche abrupte Beendigung einer jahrhundertealten ländlichen Tradition durch die Konfiszierung des Besitzes und den unehrenhaften Tod als »Hochverräter«.

Außenseiter

Für uns heute ist es gar keine Frage mehr, dass man gegen Hitler aufstehen musste, aber die Beteiligten der Widerstandsbewegung blieben Außenseiter in Deutschland bis weit in die fünfziger Jahre hinein. Das haben schon die Frauen des 20. Juli eindrucksvoll erzählt.[1] Man hätte vermuten können, dass die Vereinsamung durch die gesellschaftliche Isolation ein Frauenproblem sei und von den hinterbliebenen Witwen besonders schmerzlich empfunden wurde.

Erstaunlich, das Gleiche nun auch von Philipp von Boeselager zu hören: Er berichtet, dass er seiner Frau erst nach der Hochzeit von seiner Rolle beim Attentat erzählte.

Das Kriegsende, der Zusammenbruch, wurde von den Deutschen nicht nur als Befreiung, sondern auch als Niederlage begriffen. Philipp von Boeselager sagt »Das war ja ein Tabu«, über die Verstrickung in die Diktatur wurde eisern geschwiegen. Gegen den Nationalsozialismus gewesen zu sein oder gar etwas unternommen zu haben, blieb Privatsache. Die Hitlergegner wurden gesellschaftlich ausgegrenzt, weil jeder andere sich sonst mit der Frage hätte konfrontieren müssen: Und was habe ich versucht, um gegen die Unmenschlichkeit aufzubegehren?

Menschen, keine Helden

Auch die Mitglieder der Widerstandsgruppe, die den 20. Juli vorbereiteten, wurden nicht als »Helden« geboren. Ihre Entscheidungen weichen im Alltag der Diktatur nur in Nuancen von denen der anderen ab – bis sie dann an der Weggabelung stehen: Mache ich schweigend mit oder handle ich dagegen? Ihre Besonderheit gründet nicht darin, in welche militärischen, christlichen oder landadeligen Tugenden sie vielleicht hineingeboren oder hineinerzogen worden waren. Viele mit derselben Herkunft und derselben Erziehung haben sich gedrückt oder waren nicht wirklich zuverlässig oder erwiesen sich sogar als glühende Nazis. Es gibt Familien, in denen die einen nationalsozialistisch dachten und die anderen in den Widerstand gegen die Diktatur gingen. Der konservative Widerstand ist wohl eine Gewissensfrage und eine Charakterangelegenheit.

Philipp von Boeselager

Für uns Heutige, in der Rückbesinnung auf das Geschehen, gilt: Die Suche nach einem makellosen Helden ist die Suche nach einer Romanfigur. Die Wirklichkeit ist komplizierter, rauer. Der militärische Widerstand befand sich im Krieg in einer paradoxen Situation: Einerseits mussten die beteiligten Offiziere siegreiche Befehlshaber in Hitlers Eroberungskrieg sein; zugleich planten sie ein Attentat auf ihn und einen Staatsstreich. Das ist, auch gefühlsmäßig, eine schwierige Gemengelage. Und es hat die gesellschaftliche Rezeption nach 1945 erschwert: Die Guten sind nicht nur die Guten und die Bösen nicht nur die Bösen.

Wenn wir mit diesem Interview, mit diesem Buch, zurück zu den Fakten gehen, versuchen wir, verschiedene Mythisierungen des 20. Juli im öffentlichen Diskurs zu korrigieren, Mythen, die mit den handelnden Menschen, mit ihren Ängsten und Konflikten, nichts mehr zu tun haben. Denn wenn wir auf den einzelnen Menschen schauen, passt dieser eben nicht mehr in den Heldenmythos des grandios Ungebundenen und Ungebrochenen. Das zeigt das Gespräch in aller Deutlichkeit: Philipp von Boeselager bedient keine überhöhenden Erzählungen; vielmehr ist er als Berichtender sehr offen – auch in den Widersprüchen, sehr lebendig, sehr facettenreich und ungewöhnlich selbstironisch.

Ich blicke im Folgenden noch einmal auf einzelne Aspekte unseres Gesprächs, das wir anlässlich Philipp von Boeselagers 90. Geburtstags im September 2007 geführt haben. Es ist Ausdruck einer langjährigen Verbundenheit der Gesprächspartner und gründet auf Vertrauen, sodass es gänzlich ohne freundlichen Smalltalk auskam. Ich durfte daher so schroff nach den Geschichten hinter der Geschichte fragen, ohne fürchten zu müssen, dass Philipp von Boeselager sich den Fragen verweigern oder wütend aufstehen würde – und er musste keine Angst haben, etwas »Falsches« zu sagen oder etwas durcheinanderzubringen. Philipp von Boeselager ist heute ein gebrechlicher Herr. Seine Kriegsverletzungen haben ihn ein Leben lang geplagt, aber er strahlt Konzentration und Kraft aus.

Der letzte Überlebende

Philipp von Boeselager unternimmt die enorme Anstrengung, die Geschichte möglichst genau so zu berichten, wie er glaubt, sie erlebt zu haben – und viele Erinnerungen sind ihm bis heute schmerzlich, weil sie alte Gefühle und Ängste wiederbeleben. Weil so vieles heute kaum mehr nachzuvollziehen oder zu verstehen ist, hat er sich in die detaillierte Rückschau versenkt und berichtet, was er für nötig hält mitzuteilen und was die Erinnerung freigibt. Er äußert sich als der letzte Überlebende des Attentats vom 20. Juli 1944, denn er verstand es immer als seinen Auftrag, Zeugnis für die Freunde abzulegen, die sich geopfert hatten.

Er will auch plausibel machen, warum die Vorbereitung des Attentats so lange gedauert hat, so lange, dass Henning von Tresckow im Juni 1944 fast verzweifelt zu Graf Stauffenberg sagen musste: »Das Attentat muss erfolgen, coute que coute. Denn es kommt nicht mehr auf den praktischen Zweck an, sondern darauf, dass die deutsche Widerstandsbewegung vor der Welt und vor der Geschichte den entscheidenden Wurf gewagt hat.«

Philipp von Boeselager versucht in seinem Bericht, sachlich und distanziert zu bleiben, und er schildert die Nazis ohne Emotionen: So waren sie eben, damit musste man rechnen; sie waren rigoros zerstörerisch, und jegliche Opposition wurde im Ansatz vernichtet. »Mir war auf jeden Fall klar, dass der Hitler keine menschlichen Gefühle hatte und dass der Mensch von ihm weniger geachtet wurde als ein Hund oder eine Katze oder ein Pferd. Weniger (war ihm der Mensch). Billiger.«

Verborgene Geschichte

Einige Impressionen aus Philipp von Boeselagers Bericht möchte ich unterstreichen, damit sie die andere, die »verborgene« Geschichte erhellen. Denn als Mensch tritt Philipp von Boeselager zunächst hinter den Fakten zurück; er gibt aber dennoch viel von sich preis, so, wenn er seine Angst beschreibt, auch die Angst, vor der Familie schuldig zu werden.

Vom zivilen Aufbau der geplanten Republik »wusste ich nichts«, gibt er zu – und er habe zudem wenig Vorstellung von diesem politischen Teil des Staatsstreichs gehabt. Philipp von Boeselager war jung und als Abiturient bereits von der Diktatur umgeben. Bei der realistischen Einschätzung der eigenen Kräfte war es wohl klug von ihm, die Frage, wie die Zukunft einer Demokratie zu gestalten wäre, arbeitsteilig den »Kreisauern«, wie er sagt, zu überlassen.

Philipp von Boeselager, Weihnachten 1939.

Das Attentat ist gescheitert, eine ungeheure Enttäuschung, eine große Trauer. Doch heute, nach einem gelebten politischen Leben kann er sagen: «Ich bin mir manchmal nicht ganz klar, ob es nicht ganz gut war, dass nichts funktioniert hat. Denn den heutigen Staat hätten wir bestimmt in der Form nicht bekommen.« Und an anderer Stelle: »Wenn ich gesagt habe, es ist vielleicht gut, dass der 20. Juli missglückt ist, dann bedauere ich natürlich, dass die Freunde umgebracht worden sind. Das waren ganz hervorragende Leute, die ganz bestimmt später auch eine große Rolle als Demokraten gespielt hätten.«

Für einen »Überlebenden«, der die besten Freunde im Kampf gegen Hitler verloren hat, bleibt er sehr großzügig in der Beurteilung der Nachkriegs-Demokraten in der Bundesrepublik – so, wenn er von seinen Erfahrungen mit den Lehrern berichtet, die ihren Geschichtsunterricht mit dem Ersten Weltkrieg abschlossen: »Die Nazizeit wurde gar nicht erwähnt, weil der Lehrer hätte sagen müssen: ›Ich war auch Nazi‹. Was ganz normal war. Was gar nichts Böses war, damals, in den meisten Fällen.« Solche Sätze, die »harmlose« Parteimitglieder nicht richten wollen, sind heutzutage noch immer sehr mutig. »Ich habe gewusst, auf wie merkwürdigem Wege man Nazi wurde«, betont Philipp von Boeselager.

Soldat und Citoyen

Man spürt die militärische Machtperspektive eines jungen Offiziers, wenn er sagt: »Jawohl, Herr Feldmarschall.« Und man versteht, wie es ihn umtreibt, »ob ich ihm richtig geraten habe«, nachdem er als Ordonnanzoffizier seinen Chef, in der Militärhierarchie viele, viele Stufen über ihm, vor der Korruption, also vor Hitlers Bestechungsversuch durch die Dotation, gewarnt hatte: Hitler hatte seinem Feldmarschall von Kluge Bezugsscheine angeboten, um den Kuhstall auf dem Gutshof seiner Frau neu zu bauen. Als Ordonnanzoffizier konnte Philipp von Boeselager ja alles mithören, sodass Kluge ihn nach seiner Meinung zu dem Angebot fragte und die Antwort erhielt: »Ich kann mich nicht entsinnen, dass ein preußischer General oder Feldmarschall im Krieg eine Dotation bekommen hätte.« Damit hatte Philipp von Boeselager seinen persönlichen Anstand und sein Gefühl für Recht in einem dienstlichen Gespräch in scharfen Kontrast zu Hitlers Günstlingswirtschaft gestellt – »aus dem Bauch heraus«, wie er berichtet. Und er vertraute sich zum ersten Mal Henning von Tresckow an. Dieses Wagnis veränderte sein Leben fundamental.

»Von da an war ich bei den Gesprächen dabei«, aufgenommen in den Kreis des Widerstands in der Heeresgruppe Mitte um Henning von Tresckow.

Er erzählt von der heute kaum vorstellbaren konspirativen Vorsicht und Geheimhaltung, dass er bei Begegnungen Graf Stauffenberg nur zugenickt, ihn aber nie gesprochen habe. »Wir wussten beide voneinander«, doch es war streng verboten, innerhalb der Widerstandsgruppe Verbindung untereinander aufzunehmen, wenn es dienstlich nicht notwendig war. Jede falsche Bewegung konnte verräterisch sein.

Töten

Heute ist das Attentat vom 20. Juli eine Selbstverständlichkeit. Wir kritisieren die vermeintliche Zögerlichkeit des Widerstands – und machen uns nicht klar, dass es für gebildete, emotional entwickelte Menschen ein ungeheuerlicher Akt ist, einen Menschen, auch einen Tyrannen, Auge in Auge zu erschießen.

Dieser sehr tiefreichenden Frage hat Philipp von Boeselager sich gestellt. Er ist der Frage nach dem »Töten«, nach dem persönlichen Töten des Menschen Adolf Hitler nicht ausgewichen. Doch das waren ja »Fragen, die man mit keinem besprechen konnte.«

Wenn Philipp von Boeselager über seine inneren Konflikte in diesem Zeitraum spricht, umschreibt er, wie es ihn bedrückte, dass ein Bruder nach dem anderen im Krieg *für* Hitler gefallen war. Auch die-

Philipp von Boeselager zwei Wochen nach dem 20. Juli 1944.

ses Gefühl lag, neben den moralischen Erwägungen, mit in der Waagschale: Jeder musste seine individuelle Antwort finden.

Und wie verhält es sich zum Beispiel mit dem 5. Gebot »Du sollst nicht töten«? Immerhin: Nachts nach dem Dienst, wenn alle weg waren, im kleinsten Kreis um Tresckow »sprach man … auch über religiöse Dinge. Was man sonst unter Männern nie tut und nie im Leben wieder getan hat. Ich jedenfalls nicht.«

Der enorme Unterschied, eine Waffe zu tragen und Kriegshandlungen in der Befehlskette auszuführen, oder mit dieser Waffe direkt auf den Oberbefehlshaber, auf den man seinen Soldateneid geschworen hatte, zu schießen – das erfordert eine illusionslose Selbstprüfung und Selbstkritik: »Schießt du auch wirklich?« Die Entscheidung, zum Attentat »ja« zu sagen, ist Philipp von Boeselager schwergefallen: »Es ist … etwas anderes, ob man schießen kann oder ob man dann auf einen draufschießt, auf ein paar Schritte. Ich war unsicher, ob ich das machen würde.«

Philipp von Boeselager hat »ja« dazu gesagt, Hitler zu töten – als seine persönliche Verantwortung und Entscheidung. Nicht einmal mit seinem Bruder Georg, der später zum Widerstand kam, hat er darüber gesprochen.

Aber Philipp von Boeselager war nicht tollkühn oder todessüchtig – ebenso wenig wie seine Mitverschwörer. Er lässt uns teilhaben an seinem unterschwelligen Bedürfnis, sich ganz gern hinter dem Diktum seines Feldmarschalls versteckt zu haben, als dieser 1943 mit sehr guten Gründen das Pistolenattentat verbot, weil Hitler ohne die Begleitung des Reichsführers SS Himmler kam – und somit nicht die ganze

Spitze der Hierarchie vernichtet werden konnte. Er fürchtete, wenn nur Hitler erschossen würde, gäbe es einen Bürgerkrieg zwischen SS und Wehrmacht. Sein politischer Verstand sagte Philipp von Boeselager: Kluge hatte Recht. Dennoch – oder gerade deswegen? – verfolgt ihn diese Situation bis heute in seinen Träumen: »Nachts werde ich manchmal wach und denke: hättest du doch geschossen.«

Doch was für ihn selbst gilt, die Waffe in der genau definierten Notwehrsituation zu ziehen, forderte Philipp von Boeselager nicht für alle. So konnte er bei seinem »Burschen« den festen Willen akzeptieren, gar nicht zu schießen – weder auf den Feind noch auf irgendwen sonst. Fischer, so hieß er, hatte sich getraut, seinem Chef zu offenbaren, dass er hauptsächlich deshalb sein »Bursche« werden wolle, um eben nicht schießen zu müssen. In späteren Zeiten der Konspiration dankte Fischer ihm für die Toleranz, indem er Philipp von Boeselager vom Nachbarzimmer aus warnte, wenn Gefahr im Verzuge war. Er stellte das Radio sehr laut, wenn z.B. ein Besucher nahte, dem er misstraute. Über diese Zeichen und über den gegenseitigen Respekt voreinander haben beide nie miteinander gesprochen.

Getötet werden

Die Vorstellung vom eigenen Sterben war nicht so schlimm, das sagen viele aus der Widerstandsbewegung, auch die Frauen, denn es war Krieg – und der Tod war allgegenwärtig.

Philipp von Boeselager erzählt, dass man sich nichts vormachte und dass er für sich davon ausging, als Mann des Widerstands vermutlich von den enttäuschten Ostpreußen getötet zu werden, wenn ein Attentat auf Hitler gelänge. Sie würden den Offizieren vorwerfen, Ostpreußen aufgegeben und den Russen in die Hände gespielt zu haben, und die Verantwortlichen als Landesverräter umbringen. Ginge das Attentat aber schief, so würden sie den Nazis in die Hände fallen.

Von General Henning von Tresckow ist der Satz überliefert, den er am Tage seines Freitodes am 21. Juli sagte: »Niemand von uns kann über seinen Tod Klage führen. Wer in unseren Kreis getreten ist, hat damit das Nessushemd angezogen. Der sittliche Wert eines Menschen beginnt erst dort, wo er bereit ist, für seine Überzeugung sein Leben zu geben.«

Stauffenberg und Tresckow aus persönlicher Sicht

Mit großer Hochachtung bezeichnet Philipp von Boeselager Graf Stauffenberg als heldenhaft. Er hebt dessen Belastbarkeit hervor, von der ja auch schon seine Frau, Nina Gräfin Stauffenberg, berichtete:

»Ja, er hatte wirklich eine außerordentliche Konzentrationskraft. Wenn er zu Hause war und arbeiten musste, konnten die Kinder zwischen seinen Beinen Eisenbahn fahren, das brachte ihn überhaupt nicht aus der Ruhe. Im Gegenteil, er fand es lustig.«[2]

Weil Graf Stauffenberg in der Befehlshierarchie hoch genug stand, um den Walkürebefehl auslösen zu können, und er zugleich einer der wenigen war, die an Hitler persönlich herankamen, wurde er gefragt, ob er bereit sei, das Bombenattentat und den Staatsstreich zugleich auszuführen. »Jeder normale Mensch hätte diese Aufgabe abgelehnt, weil Graf Stauffenberg ja körperlich so behindert war, nur drei Finger an nur noch einer Hand. Er konnte den Zünder kaum in Gang setzen. Und dann nur mit einem Auge sehen«, sagt Philipp von Boeselager und bricht das »Heldenhafte« selbstkritisch auf das Menschliche herunter: »Ich wäre jedenfalls sehr nervös gewesen.« Hitlers Machtinszenierung und persönliche Ausstrahlung »hatte ich ja bei mir persönlich gespürt, und zwar zu einer Zeit, da ich noch ohne irgendwelche bösen Absichten Hitler gegenüber war.«

Diese Bemerkung ist wichtig, weil sie nochmals zeigt, dass das Attentat subjektiv keineswegs nur als heldenhafter Befreiungsschlag, sondern zugleich auch als eine »böse« Tat empfunden wurde – was als psychische Hürde von uns heute leicht unterschätzt wird.

Große Gefühle löst die Erinnerung an Henning von Tresckow aus: Bewunderung und Vertrauen, auf das jeder Einzelne in der Widerstandsgruppe angewiesen war. Gab es im Vorfeld Zweifel, zum Beispiel an der schwierigen Logistik des Attentats? »Nein, das hat mich nicht beschäftigt. Wenn der Tresckow sagte, das ist so, dann war es für mich so. Tresckow war ein hervorragender Soldat, der alle Schwierigkeiten übersah. Hochintelligent, kein stumpfer Soldat. Da konnte man sich darauf verlassen.« Dieses durchaus nicht blinde Vertrauen muss man wagen können, um handlungsfähig zu bleiben. Jeder Einzelne war ein entscheidender Teil des Ganzen und musste dennoch im Detail autonom handeln und erfindungsreich bleiben. Sie kannten einander ja kaum. Das Gefühl der unbedingten Kameradschaft und das immer wieder überprüfte Vertrauen in die menschliche und fachliche Standfestigkeit des anderen bildeten das Fundament dieser komplexen Planungen. Deshalb wurden auch nur so wenige eingeweiht.

Sie konnten nicht alles miteinander absprechen. Normale Kommunikation war kaum möglich – nicht nur wegen der Geheimhaltung und weil die Offiziere im Krieg standen, sondern auch aus technischen Gründen. Die Übermittlung von Botschaften war fast unmöglich. Man musste sich absolut aufeinander verlassen können. Es war zudem klug, nicht zu viele Details zu wissen. Philipp von Boeselager betont, dass es für ihn sogar lebensrettend war. Das galt für alle, galt für ihn und für die Mitverschwörer – denn mit Folter musste jeder rechnen: »Je mehr ich wusste, umso mehr gefährdete ich andere Leute. Ich wollte nichts wissen.«

Wie enorm vorsichtig man im Kleinen handeln musste – das erschließt sich uns deutlich. Manchmal halfen legalistische »Tricks«, beispielsweise im Jargon der siegreichen Kriegführung zu argumentieren, um einen ungewöhnlichen Schritt oder eine ungewöhnliche Aktion, die der logistischen Vorbereitung des Staatstreiches oder der Kommunikation diente, dienstlich zu begründen. Henning von Tresckow fand immer wieder unauffällige Wege zu persönlichen, konspirativen Treffen.

Philipp von Boeselager nennt ihn einen »unglaublichen Mann«, eine »Ausnahme«: »streng christlich, hochintelligent, lyrisch, musisch, der mehrere Sprachen sprach« und eben »die Gesamtlage beurteilen konnte.«

Ein langer innerer Weg

Um für uns nachvollziehbar zu machen, wie Philipp von Boeselagers kritisches Bewusstsein zum aktiven Widerstand reifte, wie es für ihn peu à peu durchsichtiger wurde, was die Nazis trieben, welche »Schweinereien« sie begingen, müssen wir uns seine Selbstreflexion genauer ansehen: »Man hörte das, aber man hat es nie erlebt.« So brauchte er eine Weile, bis er verstand, wie systematisch die Nationalsozialisten ihre mörderischen Taten planten. Bis er zu der Erkenntnis gelangte: »Es war von oben angeordnet.«

So beschreibt Philipp von Boeselager sich zunächst als irritiert und in spontaner Empörung über einzelne Vorgänge. Eines Tages aber begreift er das ganze Ausmaß: Die ukrainisch-sowjetischen Unterhändler, die einen Teilfrieden verhandeln wollten und von Tresckow wohlwollend empfangen worden waren, wurden von Hitler – wie er erfuhr – gar nicht erst angehört, sondern sofort erschossen. »Als man das erlebte, sagte man sich, Hitler ist verrückt. Abgesehen davon, dass er ein Verbrecher ist, ist er auch noch verrückt. So häuften sich die Stolpersteine. Von der Skepsis über die Ablehnung hin zum richtigen Widerstand.«

Er ist damals Mitte zwanzig. Philipp von Boeselager ist sehr offen, wenn er versucht, uns zu erklären, dass die Verteidigung des Soldaten gegen bewaffnete militärische Gegner etwas anderes ist als das Erschießen von Zivilisten, die Verfolgung von Juden und »Zigeunern« – und eben auch von Friedensunterhändlern. Militärisches Töten, Soldat gegen Soldat, ist sowohl psychologisch als auch völkerrechtlich ein Teil des Krieges – aber das Töten von Nicht-Soldaten ist unmenschlich, und rechtlich ist es ein Verbrechen.

Philipp von Boeselager

Zivilcourage

Meine Generation hat dem konservativen Widerstand vorgeworfen, zu lange gezögert zu haben. Das ist für uns Nachgeborene natürlich bequem, aber die Frauen und Männer des 20. Juli haben tatsächlich Widerstand geleistet und alles – auch ihr Leben – eingesetzt. Es wäre weniger Unmenschlichkeit geschehen, wenn sich mehr Menschen an ihren je verschiedenen gesellschaftlichen Orten öffentlich und privat gegen die Diktatur, gegen Hitler und seine Helfer, gestellt hätten mit ihren subjektiv wie objektiv möglicherweise begrenzten Mitteln.

Und wer weiß schon, ob wir Nachgeborenen die propagandistischen Tricks tatsächlich sofort durchschaut und von Anfang an das Gewissen über die ideologischen Versprechungen gestellt hätten.

Der Blick auf Philipp von Boeselager, auf die Geschichte zeigt, dass es möglich ist, zu handeln und gegen die Unmenschlichkeit aufzutreten – und dass es wahrlich nicht leicht ist, aber notwendig, einzugreifen, selbst wenn es uns einiges an persönlichem Einsatz und Entschiedenheit abverlangt. Das fängt lange vor einer Diktatur an – und ist nie zu spät. Heute, in einer Demokratie, ist dafür lediglich Zivilcourage erforderlich.

Anmerkungen

Einführung

1 Oberst i.G. Claus Schenk Graf von Stauffenberg, 1907–1944. Oktober 1943 Chef des Stabes des Allgemeinen Heeresamts, Juni 1944 Chef des Stabes des Befehlshabers des Ersatzheeres, am 20. Juli 1944 in der Bendlerstraße erschossen. Zu Stauffenberg siehe vor allem Peter Hoffmann: Claus Schenk Graf von Stauffenberg und seine Brüder. Stuttgart 1992, S. 252 f.

2 Stephan Malinowksi: Vom Adel zum Führer. Berlin 2003, 3. durchgesehene Aufl.

3 Friedrich Freiherr Hiller von Gaertringen (Hg.): Die Hassell-Tagebücher 1938–1944. Nach der Handschrift revidierte und erweiterte Ausgabe unter Mitarbeit von Klaus-Peter Reiß. Berlin 1988, S. 248. Ulrich von Hassell, 1881–1944. 1932–1938 deutscher Botschafter in Rom, abberufen am 17. Februar 1938, zunächst Wartestand, 10. Februar 1943 in den Ruhestand versetzt. 1940–1943 im Vorstand des Mitteleuropäischen Wirtschaftstages, 1943–1944 Institut für Wirtschaftsforschung in Berlin. 29. Juli 1944 verhaftet, hingerichtet in Berlin-Plötzensee am 8. September 1944. Die Tagebücher Ulrich von Hassells stellen eine der wichtigsten Quellen des nationalkonservativen Widerstands überhaupt dar.

4 Vgl. dazu Johannes Hürter: Hitlers Heerführer. Die deutschen Oberbefehlshaber im Krieg gegen die Sowjetunion 1941/42. München 2006, S. 354–358. Hürter betrachtet den Krieg im Osten überwiegend unter dem Gesichtspunkt des Rassen- und Vernichtungskriegs, was zu einer zum Teil etwas eindimensionalen Betrachtungsweise führt. Die zum Teil völlige Absorption gerade der Spitzengeneralität durch die militärischen Operationen wird dabei leicht übersehen.

5 Generaloberst Ludwig Beck, 1880–1944. Chef des Generalstabes des Heeres bis 27. August 1938, wurde am 20. Juli 1944 in der Bendlerstraße erschossen. Grundlegend zu Beck siehe: Klaus-Jürgen Müller: Generaloberst Ludwig Beck. Eine Biographie. Paderborn 2008

6 Die Quellenlage dazu ist äußerst schmal. Vgl. dazu Helmut Krausnick: Zum militärischen Widerstand gegen Hitler 1933–1939. Möglichkeiten, Ansätze, Grenzen und Kontroversen. In: Thomas Vogel (Hg.): Aufstand des Gewissens. Militärischer Widerstand gegen Hitler und das NS-Regime 1933–1945. Begleitband zur Wanderausstellung des Militärgeschichtlichen Forschungsamts. Hamburg/Berlin/Bonn 2000, S. 135–185; sowie Terry Parssinen: The Oster Conspiracy of 1938. The Unknown Story of the Military Plot to Kill Hitler and to Avert World War II. New York 2003

7 Generalmajor Hans Oster, 1887–1945. Chef der Abteilung Z im Amt Ausland/Abwehr des OKW (Oberkommando der Wehrmacht). Wurde am 5. April 1943 aus seiner Stellung entfernt und am 20. Dezember 1943 aus der Wehrmacht entlassen. Oster wurde am 9. April 1945 im KZ Flossenbürg erhängt. Zu Oster: Romedio Graf von Thun-Hohenstein: Der Verschwörer. General Oster und die Militäropposition. München 1984

8 Admiral Wilhelm Canaris, 1887–1945, von 1935–1944 Chef der deutschen Abwehr, des militärischen Geheimdienstes, erhängt am 9. April 1945 im Konzentrationslager Flossenbürg.

9 Generalfeldmarschall Erwin von Witzleben, 1881–1944. 1930–1931 Chef des Generalstabes der 6. Division in Münster, 1. Februar 1934 Kommandeur der 3. Division und Befehlshaber im Wehrkreis III (Berlin), 10. November 1938 Oberbefehlshaber Gruppenkommando 2, 1. September 1939 OB 1. Armee, 19. Juli 1940 Generalfeldmarschall, 26.Oktober 1940 OB HGr D, 1. Mai 1941 OB West, 15. März Führerreserve, am 9. August 1944 hingerichtet in Berlin-Plötzensee. Zu Witzleben Romedio Graf von Thun-Hohenstein, Generalfeldmarschall Erwin von Witzleben: Leben und Wirken eines deutschen Offiziers im Widerstand. In: Militärgeschichte. Heft 4/2007, S. 14–18

10 Oberstleutnant (Oberst) Friedrich-Wilhelm Heinz, 1899–1968. 1938 als Hauptmann in der Abwehr, im Krieg Kommandeur des I. Bataillon z.b.V. 800 »Brandenburg« und des 4. Jägerregiments »Brandenburg« der Division Brandenburg. Am 20. Juli 1944 Kommandeur Streifen-Abteilung Groß-Berlin. Gehörte nach dem Ersten Weltkrieg als Freikorpskämpfer und Stahlhelmführer zu dessen nationalrevolutionären Flügel. Baute nach dem Zweiten Weltkrieg einen erfolgreichen Nachrichtendienst, den Friedrich-Wilhelm-Heinz-Dienst (FWHD) auf, der an die Zentrale für Heimat dienst (ZfH) im Bundeskanzleramt unter Bundeskanzler Konrad Adenauer angegliedert war. Überlebte nach dem 20. Juli 1944 im Untergrund.

11 Generalfeldmarschall Walther von Brauchitsch, 1881–1948. Oberbefehlshaber des Heeres von Februar 1938 bis 19. Dezember 1941

12 Generaloberst Franz Halder, 1884–1973. Im Februar 1938 Oberquartiermeister I im Generalstab des Heeres, löste den darüber bitter enttäuschten Generalmajor und späteren Generalfeldmarschall Erich von Manstein ab, der damals in der »Heeresführung als der kommende Mann« galt. Christian Hartmann: Halder. Generalstabeschef Hitlers 1938–1942. Paderborn 1991, S. 54. Halder wurde am 1. September 1938 Chef des Generalstabes des Heeres.

13 General der Infanterie Friedrich Olbricht, 1888–1944. Von 1940 bis 1944 Chef des Allgemeinen Heeresamts und Stellvertretender Befehlshaber des Ersatzheeres, am 20. Juli 1944 in der Bendlerstraße erschossen.

14 Generalmajor Henning von Tresckow, 1901–1944. Von 1941 bis 1943 Ia HGr Mitte, ab November 1943 Chef des Generalstabes der 2. Armee, tötete sich am 21. Juli 1944. Zu Tresckow vgl. Bodo Scheurig: Henning von Tresckow. Eine Biographie. Frankfurt am Main 1980; Gerd Ueberschär: Generalmajor Henning von Tresckow. In: Gerd Ueberschär: Hitlers militärische Elite. Bd. 2, S. 256–262; Winfried Heinemann: Kriegführung und militärischer Widerstand im Bereich der Heeresgruppe Mitte an der Ostfront. In: Gerd Ueberschär (Hg.): NS-Verbrechen und der militärische Widerstand gegen Hitler. Darmstadt 2000, S. 77–89; Peter Hoffmann: Henning von Tresckow und die Staatsstreichpläne im Jahre 1943. In: Vierteljahrehefte für Zeitgeschichte. 2/2007, S. 331–365

15 Generalfeldmarschall Fedor von Bock, 1880–1945. Oberbefehlshaber (OB) der Heeresgruppe (HGr) Mitte 22 von Juni 1941 bis 19. Dezember 1941, OB HGr Süd von 16. Januar 1942 bis 15. Juli 1942, Abberufung, Führerreserve Oberkommando des Heeres (OKH)
16 Generalfeldmarschall Günther von Kluge, 1882–1944. 19. Dezember 1941 bis Oktober 1943 OB HGr Mitte. Kluge hätte sich einem Staatsstreich angeschlossen unter der Voraussetzung, dass Hitler getötet wurde. Kluge wurde im Juli 1944 OB West und OB der Heeresgruppen D und B, von Hitler abgelöst und tötete sich am 19. August 1944. Zu Kluge vgl.: Romedio Graf von Thun-Hohenstein: Generalfeldmarschall Günther von Kluge. In: Militärgeschichte. 4/1994, S. 39–51
17 Oberst i.G. Georg Schulze-Büttger, 1904–1944. Wurde am 13. Oktober 1944 in Berlin-Plötzensee hingerichtet.
18 Während der Ia der Erste Generalstabsoffizier war, dem die gesamte Führungsabteilung der Heeresgruppe unterstand, war der Ia/Op sein erster Gehilfe, der sich ausschließlich mit der Operationsführung beschäftigte.
19 Generalfeldmarschall Erich von Manstein, 1887–1973. Seit November 1942 OB der HGr Don, Februar 1943 OB HGr Süd. März 1944 Führerreserve. 1949 durch ein britisches Militärgericht zu achtzehn Jahren Haft verurteilt, 1953 vorzeitig entlassen.
20 Oberstleutnant i.G. Hans-Alexander von Voss, 1907–1944. Nahm sich am 8. November 1944 das Leben, um nicht unter Folter seine Mitverschwörer zu belasten.
21 Der Ib war zuständig für die gesamte Versorgung der Heeresgruppe, also Verpflegungs-, Munitions-, KFz-Nachschub usw.
22 Major i.G. Ulrich von Oertzen, 1915–1944. Konnte sich am 21. Juli 1944 seiner Verhaftung im Wehrkreiskommando III entziehen, als er sich mit einer Sprenggranate tötete.
23 Der Ic war zuständig für die gesamte Feindlage und erstellte gemeinsam oder mit dem Ia das Feindbild.
24 Generalmajor Rudolf-Christoph Freiherr von Gersdorff, 1905–1980
25 General der Infanterie Rudolf Schmundt, 1896–1944. Chefadjutant der Wehrmacht bei Hitler, seit dem 1. Oktober 1942 Chef des Heerespersonalamts, starb am 1. Oktober 1944 an den beim Attentat vom 20. Juli 1944 erlittenen Verletzungen.
26 Dr. iur. Fabian von Schlabrendorff, 1907–1980. Oberleutnant d. Res., Ordonnanzoffizier bei Tresckow, nach dem 20. Juli 1944 verhaftet und gefoltert, bei Kriegsende befreit
27 Carl Friedrich Goerdeler, 1884–1945 (hingerichtet in Berlin-Plötzensee am 2.2.). 1930–1937 Oberbürgermeister von Leipzig
28 Ein Ordonnanzoffizier ist ein meist dienstgradniedrigerer Offizier (Leutnant bis Hauptmann) Offizier, der höheren Offizieren zur besonderen Verwendung beigeordnet wird.
29 Fabian von Schlabrendorff: Offiziere gegen Hitler. Mit einer Einführung von Walter Bußmann. Berlin 1994, S. 55
30 Generalmajor Hellmuth Stieff, 1901–1944. Erhängt in Plötzensee am 8. August 1944, war zeitweilig einer der jüngsten Generale des Heeres. Zu Stieff siehe: Horst Mühleisen (Hg.): Hellmuth Stieff. Briefe. Berlin 1991; sowie Ders.: Hellmuth Stieff und der deutsche Widerstand. In: Vierteljahreshefte für Zeitgeschichte. 3/1991, S. 339–377

31 Zu den Attentatsversuchen vgl. die Beteiligten: Fabian von Schlabrendorff: Offiziere gegen Hitler, a. a. O., S. 95–99; Rudolph-Christoph Freiherr von Gersdorff: Soldat im Untergang. Frankfurt am Main 1977, S. 129–132; sowie die Darstellung bei Peter Hoffmann: Widerstand – Staatsstreich – Attentat. Der Kampf der Opposition gegen Hitler. München/Zürich 1985. 4. Aufl., S. 346–360

32 Peter Hoffmann: Henning von Tresckow und die Staatsstreichpläne im Jahre 1943, a. a. O., S. 335–337

33 Klaus-Jürgen Müller: Generaloberst Ludwig Beck, a. a. O., S. 475. Zu Fromm siehe die grundlegende Biographie von Bernhard R. Kroener: »Der starke Mann im Heimatkriegsgebiet«. Generaloberst Friedrich Fromm. Eine Biographie. Paderborn 2005

34 Peter Hoffmann: Henning von Tresckow und die Staatsstreichpläne im Jahre 1943, a. a. O., S. 338

35 Ebenda, S. 345 ff.

36 Ebenda, S. 343

37 Klaus-Jürgen Müller: Generaloberst Ludwig Beck, a. a. O., S. 479

38 Peter Hoffmann: Henning von Tresckow und die Staatsstreichpläne im Jahre 1943, a. a. O., S. 344

39 Ebenda, S. 347 f.

40 Klaus-Jürgen Müller: Generaloberst Ludwig Beck, a. a. O., S. 543

41 Hauptmann Axel von dem Bussche-Streithorst, 1919–1993

42 Klaus-Jürgen Müller: Generaloberst Ludwig Beck, a. a. O., S. 505

43 Peter Hoffmann: Claus Schenk Graf von Stauffenberg und seine Brüder, a. a. O., S. 388

44 Karl-Heinz Frieser: Der Zusammenbruch der Heeresgruppe Mitte im Sommer 1944. In: Das Deutsche Reich und der Zweite Weltkrieg. Bd. 8. Die Ostfront 1943/44. Hg. vom Militärgeschichtlichen Forschungsamt. München 2007, S. 526–604, hier S. 507

45 Ebenda, S. 508

46 Karl-Heinz Frieser: Der Zusammenbruch der Heeresgruppe Mitte im Sommer 1944, a. a. O., S. 517

47 Ebenda, S. 556

48 Georg Freiherr von Boeselager, 15. August 1915 bis 27. August 1944. Er übernahm das Kommando über die 3. Kavalleriebrigade am 17. Juli 1944. Vgl. auch Heinz W. Doepgen: Georg von Boeselager. Kavallerie-Offizier in der Militäropposition gegen Hitler. Herford 1986

49 Vgl. zur 3. Kavalleriebrigade auch Klaus Christian Richter: Die Geschichte der deutschen Kavallerie 1919–1945. Stuttgart 1978, S. 338, S. 364

50 Zu Stauffenbergs Entschlussfassung siehe Peter Hoffmann: Claus Schenk Graf von Stauffenberg und seine Brüder, a. a. O., S. 386 ff.

51 Peter Hoffmann: Claus Schenk Graf von Stauffenberg und seine Brüder, a. a. O., S. 405

52 Für die Gründe siehe: Peter Hoffmann: Claus Schenk Graf von Stauffenberg und seine Brüder, a. a. O., S. 414–420

53 Karl-Heinz Frieser: Der Zusammenbruch der Heeresgruppe Mitte im Sommer 1944, a. a. O., S. 566

54 Major i.G. Joachim Kuhn, 1913–1994. Zu Kuhn siehe Peter Hoffmann: Stauffenbergs Freund. Die tragische Geschichte des Widerstandskämpfers Joachim Kuhn. München 2007

55 Peter Hoffmann: Stauffenbergs Freund, a. a. O., S. 56

56 Zitiert bei Peter Hoffmann: Stauffenbergs Freund, S. 57

57 Hans Magnus Enzensberger: Hammerstein oder der Eigensinn. Eine deutsche Geschichte. Frankfurt am Main 2008, S. 109. »Wer Leuten, die mit ihrem Leben bezahlte haben, aus ihren politischen Irrtümern einen Vorwurf macht, leidet an einer Form nachträglicher Besserwisserei, die von moral insanity nicht weit entfernt ist.«

Der Ritt der 1200

1 Philipp von Boeselager, zit. nach: Hans Joachim Witte und Peter Offermann: Die Boeselagerschen Reiter. München 1998, S. 252 f.

2 Philipp von Boeselager: Der 20. Juli 1944. Gespräch mit Hans Sarkowicz. 2 CDs. Audiobuch Verlag, Freiburg 2004

3 Zit. nach: Witte, Offermann, a. a. O., S. 254

4 Baron Philipp Freiherr von Boeselager: Mein Weg zum 20. Juli. Die Einsamkeit des Widerstands. Akademiegespräche im Landtag. München 2004, S. 41

5 Philipp von Boeselager, zit. nach Witte, Offermann, a. a. O., S. 253

6 Philipp von Boeselager: Der 20. Juli 1944, a. a. O.

7 Ebenda

8 Zit. nach Philipp von Boeselager: Mein Weg zum 20. Juli, a. a. O., S. 40

9 Philipp von Boeselager: Der 20. Juli 1944, a. a. O.

10 Philipp von Boeselager: Mein Weg zum 20. Juli 1944, a. a. O., S. 41

Glaube und Selbstverantwortung

11 Heinz W. Doepgen: Georg Freiherr von Boeselager (1915–1944). In: Friedrich Gerhard Hohmann (Hg.): Deutsche Patrioten in Widerstand und Verfolgung 1933–1945. Paderborn 1986, S. 54; vgl. auch: Ders.: Georg v. Boeselager. Kavallerie-Offizier in der Militäropposition gegen Hitler. Herford/Bonn 1986

12 Albert Freiherr von Boeselager: Silberstifte auf meinen Büchsen. Erinnerungen eines rheinischen Weidmanns. Berlin 1930

13 Philipp von Boeselager: Der Widerstand in der Heeresgruppe Mitte. Berlin 1990, S. 4

14 Ebenda

15 Philipp von Boeselager: Der 20. Juli 1944, a. a. O.

16 Philipp Freiherr von Boeselager: Der Widerstand, a. a. O., S. 5

17 Heinz W. Doepgen: Georg v. Boeselager, a. a. O., S. 18

18 Philipp Freiherr von Boeselager: Der Widerstand, a. a. O., S. 5

19 Philipp von Boeselager: Der 20. Juli 1944, a. a. O.

20 Siehe Gespräch, S. 178

21 Philipp von Boeselager: Der 20. Juli 1944, a. a. O.

22 Ebenda

»Junge, es gibt Krieg«

23 Klaus Christian Richter: Kavallerie der Wehrmacht. Utting o. J., S. 10

24 Heinz W. Doepgen: Georg Freiherr von Boeselager, a. a. O., S. 29 f.

25 Philipp von Boeselager: Der 20. Juli 1944, a. a. O.

26 Karl-Heinz Janßen: Fritsch-Krise. In: Wolfgang Benz u. a.: Enzyklopädie des Nationalsozialismus. Stuttgart 1997, S. 473
27 Hermann Graml: In: Ebenda, S. 315
28 Siehe Gespräch, S. 178
29 Philipp Freiherr von Boeselager: Der Widerstand, a. a. O., S. 8

Das Wort eines Offiziers

30 Adolf Hitler: Rede vor dem Reichstag am 1. September 1939. Der gesamte Text der Rede ist abgedruckt bei: Max Domarus: Der Reichstag und die Macht, Würzburg 1968, S. 1312–1317.
31 Rudolf-Christoph von Gersdorff: Soldat im Untergang. Frankfurt am Main/Berlin/Wien 1977, S. 75 f.
32 Philipp von Boeselager: Der 20. Juli 1944, a. a. O. Gersdorff schreibt dagegen in seinen Erinnerungen über die Haltung des französischen Offiziers: »Er erklärte, er wisse nichts von einem Waffenstillstandsangebot und appelliere an meine Offiziersehre, Verständnis dafür zu haben, dass er seinen Befehl, die Stellung zu halten, ausführen müsse.
Ich antwortete, ich habe hohe Achtung vor seiner Haltung, bitte ihn aber wegen der Aussichtslosigkeit der Lage, in der sich seine Truppe befinde, auf mein Angebot einzugehen. In Kürze werde eine ganze Division zum Angriff auf seine Stellung bereit stehen.
Er lehnte jedoch erneut ab. Darauf forderte ich ihn auf, sich Weisungen seiner vorgesetzten Dienststelle einzuholen. Ich gebe ihn hierfür zwei Stunden Zeit. Falls er bis dahin nicht bei unseren Linie sei, würden wir angreifen.« (Gersdorff, a. a. O., S. 76)
33 Philipp von Boeselager: Der 20. Juli 1944, a. a. O.
34 Antonius John: Philipp von Boeselager. Bonn 2007, S. 39
35 Philipp von Boeselager: Mein Weg zum 20. Juli, a. a. O., S. 19
36 Will Berthold: Die 42 Attentate auf Hitler. Wiesbaden 2000, S. 172 f.

Ordonnanzoffizier bei der Heeresgruppe Mitte

37 Antonius John, a. a. O., S. 42
38 Philipp von Boeselager: Der 20. Juli 1944, a. a. O.
39 Ebenda
40 Ebenda
41 Ebenda
42 Rudolf-Christoph von Gersdorff, a. a. O., S. 111 f.
43 Fabian von Schlabrendorff: Begegnungen in fünf Jahrzehnten. Tübingen 1979, S. 212
44 Philipp von Boeselager: Der 20. Juli 1944, a. a. O.
45 Zit. nach: Vernichtungskrieg. Verbrechen der Wehrmacht 1941 bis 1944. Hamburg 1996, 2. Aufl., S. 138
46 Felix Römer: »Im alten Deutschland wäre solcher Befehl nicht möglich gewesen«. Rezeption, Adaption und Umsetzung des Kriegsgerichtsbarkeitserlasses im Ostheer 1941/42. In: Vierteljahreshefte für Zeitgeschichte 56/ 2008, S. 65
47 Vgl. Felix Römer: Das Heeresgruppenkommando Mitte und der Vernichtungskrieg im Sommer 1941. In: Vierteljahreshefte für Zeitgeschichte 53 (2005), S. 456
48 Siehe Gespräch, S. 149
49 Christian Gerlach: Hitlergegner bei der Heeresgruppe Mitte und die »verbrecherischen Befehle«. In: Gerd R. Ueberschär (Hg.):

NS-Verbrechen und der militärische Widerstand gegen Hitler. Darmstadt 2000, S. 65
50 Philipp von Boeselager: Der 20. Juli 1944, a. a. O.
51 Zit. nach: Karl Dietrich Bracher u. a. (Hg.): Nationalsozialistische Diktatur 1933–1945. Bonn 1986, S. 536
52 Philipp Freiherr von Boeselager: Der Widerstand, a. a. O., S. 9
53 Ebenda, S. 10
54 Gersdorff, a. a. O., S. 99
55 Zit. nach: Bodo Scheurig: Henning von Tresckow. Ein Preuße gegen Hitler. Frankfurt am Main/Berlin 1987, S. 117
56 Johannes Hürter: Auf dem Weg zur Militäropposition. Tresckow, Gersdorff, der Vernichtungskrieg und der Judenmord. In: Vierteljahreshefte für Zeitgeschichte 52/2004, S. 551
57 Scheurig, a. a. O., S. 49
58 Ebenda, S. 110
59 Philipp von Boeselager: Der Widersatnd in der Heeresgruppe Mitte, a. a. O., S. 13 f.
60 Fabian von Schlabrendorff: Begegnungen, a. a. O., S. 216
61 Peter Hoffmann: Widerstand – Staatsstreich – Attentat. Der Kampf der Opposition gegen Hitler. München 1969, S. 314
62 Siehe Gespräch, S. 132 f.
63 Philipp von Boeselager: Henning von Tresckow. Vortrag in Potsdam am 21. Juli 2003 (Manuskript), S. 32 f.

Der 13. März 1943

64 Peter Hoffmann, a. a. O., S. 327
65 Philipp von Boeselager: Henning von Tresckow, a. a. O., S. 22
66 Philipp von Boeselager: Der Widerstand in der Heeresgruppe Mitte, a. a. O., S. 17
67 Vgl. Manfred Messerschmidt: Motive der militärischen Verschwörer gegen Hitler. In: Gerd R. Ueberschär (Hg.): NS-Verbrechen und der militärische Widerstand gegen Hitler, a. a. O., S. 113 f.
68 Philipp von Boeselager: Der 20. Juli 1944, a. a. O.
69 Philipp von Boeselager: Der Widerstand in der Heeresgruppe Mitte, a. a. O., S. 18
70 Philipp von Boeselager: Henning von Tresckow, a. a. O., S. 25f.
71 Philipp von Boeselager: Der Widerstand, a. a. O., S. 18
72 Fabian von Schlabrendorff: Offiziere gegen Hitler. Berlin 1984, S. 71
73 Ebenda, S. 74
74 Ebenda
75 Ebenda, S. 75
76 Philipp von Boeselager: Henning von Tresckow, a. a. O., S. 25
77 Rudolf-Christoph von Gersdorff, a. a. O., S. 132
78 Siehe Gespräch, S. 156

Attentäter auf Abruf

79 Romedio Galeazzo Reichsgraf von Thun-Hohenstein: Der Verschwörer. General Oster und die Militäropposition. Berlin 1982, S. 252
80 Bodo Scheurig, a. a. O., S. 168
81 Bericht des Rittmeisters Georg Freiherr von Boeselager, Kommandeur des Kavallerieregiments Mitte vom 9. April 1943: Zustand der dem Regiment überstellten restlichen Reiterschwadronen der Heeresgruppe Mitte; zit. nach: Heinz W. Doepgen: Georg von Boeselager, a. a. O., S. 136
82 Vgl. ebenda, S. 76 f.
83 Ebenda, S. 79

84 Peter Hoffmann: Widerstand – Staatsstreich – Attentat, a. a. O., S. 357 f.
85 Ian Kershaw: Hitler 1936–1945. Stuttgart 2000, S. 878
86 Philipp von Boeselager: Der Widerstand, a. a. O., S. 19 f.
87 Hermann Weiß: Kreisauer Kreis. In: Wolfgang Benz und Walter H. Pehle: Lexikon des Widerstands. Frankfurt am Main 1994, S. 251 f.
88 Zit. nach: Peter Hoffmann: Claus Schenk Graf von Stauffenberg und seine Brüder. Stuttgart 1992, S. 396
89 Zit. nach: Fabian Schlabrendorff: Offiziere gegen Hitler, a. a. O., S. 109
90 Zit. nach: Bodo Scheurig, a. a. O., S. 226

Ohne Hoffnung

91 Philipp von Boeselager: Der 20. Juli 1944, a. a. O.
92 Fabian von Schlabrendorff: Offiziere gegen Hitler, a. a. O., S. 136 f.
93 Philipp von Boeselager: Der 20. Juli 1944, a. a. O.
94 Zit. nach: Witte, Offermann, a. a. O., S. 273

95 Philipp von Boeselager: Der 20. Juli 1944, a. a. O.
96 Zit. nach: Dorothee von Meding: Mit dem Mut des Herzens. Die Frauen des 20. Juli. Berlin 1992, S. 69 f.
97 Zit. nach: Antonius John, a. a. O., S. 363

Interview

1 Das Gespräch, geführt anlässlich Philipp von Boeselagers 90. Geburtstag im September 2007, wurde für den Druck leicht überarbeitet und von ihm autorisiert.

Nachwort

1 Dorothee von Meding: Mit dem Mut des Herzens. Die Frauen des 20. Juli, Berlin 1992
2 Ebenda, S. 292

Bildnachweis

S. 28, 31, 33, 38, 41, 42, 46, 49, 50, 56, 59, 60, 61, 66, 67, 71, 72, 83, 92, 94, 96, 98, 104, 105, 122, 124, 130, 134, 136, 148, 159, 167, 172, 193, 195, 198 Philipp von Boeselager
S. 26, 34, 52, 64, 74, 78, 81, 84, 102, 108, 117, 118 Bundesarchiv
S. 44 Alexander, Köln
S. 113 Suedwester93
S. 111 akg-images
S. 203 picture-alliance/dpa

Namensregister

Ausgewählte Literatur

Benz, Wolfgang, und Pehle, Walter H.: Lexikon des Widerstands. Frankfurt am Main 1994

Benz, Wolfgang u. a.: Enzyklopädie des Nationalsozialismus. Stuttgart 1997

Berthold, Will: Die 42 Attentate auf Hitler. Wiesbaden 2000

Boeselager, Philipp Freiherr von, und Florence und Jérôme Fehrenbach: Nous voulions tuer Hitler.
Le dernier survivant du complot du 20 juillet 1944. Paris 2008

Bracher, Karl Dietrich u. a. (Hg.): Nationalsozialistische Diktatur 1933–1945. Bonn 1986

Doepgen, Heinz W.: Georg v. Boeselager. Kavallerie-Offizier in der Militäropposition gegen Hitler.
Herford/Bonn 1986

Gersdorff, Rudolf-Christian Freiherr von: Soldat im Untergang. Frankfurt am Main/Berlin/Wien 1977

Hoffmann, Peter: Widerstand – Staatsstreich – Attentat. Der Kampf der Opposition gegen Hitler. München 1985

–: Claus Schenk Graf von Stauffenberg und seine Brüder. Stuttgart 1992

–: Stauffenbergs Freund. Die tragische Geschichte des Widerstandskämpfers Joachim Kuhn. München 2007

Hürter, Johannes: Hitlers Heerführer. Die deutschen Oberbefehlshaber im Krieg gegen die Sowjetunion 1941/42. München 2006

John, Antonius: Philipp von Boeselager. Bonn 2007

Kershaw, Ian: Hitler 1936–1945. Stuttgart 2000

Knopp, Guido: Sie wollten Hitler töten. München 2004

Meding, Dorothee von: Mit dem Mut des Herzens. Die Frauen des 20. Juli. Berlin 1992

Megargee, Geoffrey P.: Hitler und die Generäle. Das Ringen um die Führung der Wehrmacht 1933–1945. Paderborn u. a. 2006

Mühleisen, Horst (Hg.): Hellmuth Stieff. Briefe. Berlin 1991

Müller, Klaus-Jürgen: Generaloberst Ludwig Beck. Eine Biographie. Paderborn 2008

Richter, Klaus Christian: Die Geschichte der deutschen Kavallerie 1919–1945. Stuttgart 1978

Roon, Ger van: Widerstand im Dritten Reich. München 1979

Scheurig, Bodo: Henning von Tresckow. Ein Preuße gegen Hitler. Frankfurt am Main/Berlin 1987

Schlabrendorff, Fabian von: Begegnungen in fünf Jahrzehnten. Tübingen 1979

–: Offiziere gegen Hitler. Berlin 1984

Steinbach, Peter, und Tuchel, Johannes (Hg.): Lexikon des Widerstands 1933–1945. München 1994

–: Widerstand in Deutschland 1933–1945. Ein historisches Lesebuch. München 1994

–: Widerstand gegen die nationalsozialistische [illegible]tur 1933–1945. Berlin 2004

[illegible]medio Galeazzo Reichsgraf von: Der Versc[illegible]eral Oster und die Militäropposition. [illegible] 1982

Ueberschär, Gerd R. (Hg.): NS-Verbrechen und der militärische Widerstand gegen Hitler. Darmstadt 2000

–: Stauffenberg. Der 20. Juli 1944. Frankfurt am Main 2004

Vernichtungskrieg. Verbrechen der Wehrmacht 1941 bis 1944. 2. Aufl. Hamburg 1996

Vogel, Thomas (Hg.): Aufstand des Gewissens. Militärischer Widerstand gegen Hitler und das NS-Regime 1933–1945. Hamburg/Berlin/Bonn 2000

Wette, Wolfram: Die Wehrmacht. Feindbilder. Vernichtungskrieg. Legenden. Frankfurt am Main 2002

Witte, Hans Joachim, und Offermann, Peter: Die Boeselagerschen Reiter. München 1998